Hello! Baby & Kids

改訂新版

この1冊であんしん

はじめての離乳食事典

監修
上田玲子
料理
上田淳子

朝日新聞出版

CONTENTS

改訂新版 この1冊であんしん はじめての離乳食事典

Part 2 さあ、調理を始めましょう！

Part 3

楽ちん！アイデア離乳食

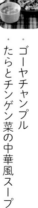

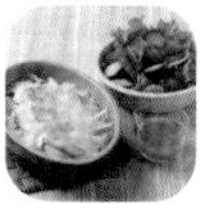

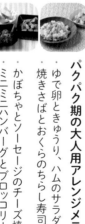

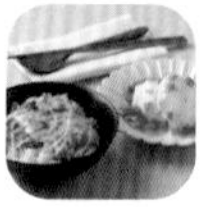
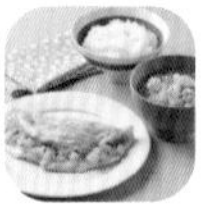
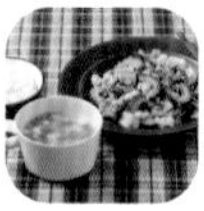
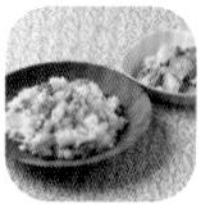
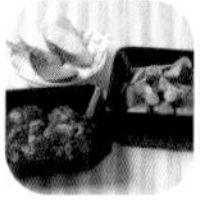

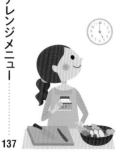

Part 4

離乳食の不安&悩みを解消!

※この本の情報は2023年4月現在のものです。

監修……上田玲子(うえだ　れいこ)

栄養学博士、管理栄養士。白梅学園大学・短期大学非常勤講師。小児栄養学の第一人者であり、日本栄養改善学会評議員や、日本小児栄養研究会運営委員などを務める。(株)トランスコウプ総研取締役として、栄養コーチングの展開や食育研究を進めている。編著に『新版 子どもの食生活』(ななみ書房)、監修に『いちばんよくわかる離乳食』(主婦の友社)ほか多数あり、幅広く活躍している。

料理……上田淳子(うえだ　じゅんこ)

料理研究家。辻学園調理技術専門学校卒業後、同校の西洋料理研究職員を経て渡欧。スイス、フランスの有名店で修業を積む。現在は自宅で料理とお菓子、ワイン教室を主宰。書籍やテレビなど幅広く活躍する一方、双子の男の子の母としての経験を生かして「食育」についての活動も行っている。著書に『3歳からのおべんとう』『上田家ごはん』(ともに文化出版局)ほか多数。

本書の使い方と決まりごと

本書では、はじめての離乳食作りに迷わないよう、わかりやすく解説しています。赤ちゃんの発達・成長には個人差があるので、進め方や食べられる量、固さなどは様子をみて判断してください。

栄養マークを表示

各料理に含まれる主な栄養素を色別にマークで表示しています。

エネルギー源
筋肉や神経、脳などを動かすエネルギーのもと

ビタミン・ミネラル源
体の免疫力を高めて調子を整えます

たんぱく質源
血液、筋肉、皮膚、内臓など体をつくるもと

食べさせてよい時期

使用している食材によって、食べさせられる時期が変わってきます。目安として参考にしてください。

調理時間を表示

調理にかかるおよその時間を表しています。

エネルギー源　ビタミン・ミネラル源　たんぱく質源

小松菜とひきわり納豆のおかゆ

7カ月〜

(材料)

小松菜(葉)	15g
ひきわり納豆	12g
5倍がゆ(→P.42)	大さじ3強(50g)

(作り方)

1. 小松菜の葉はやわらかくゆで、細かく刻む。
2. ひきわり納豆と5倍がゆを混ぜ、さっと煮る。器に盛り、1をのせ、混ぜながら食べさせる。

赤ちゃんの消化吸収能力は未熟なので、消化しやすいよう、納豆は加熱して与えましょう。

ひと言コメント

おすすめの調理法や裏ワザ、味や栄養についてなど、アドバイスを記載しています。

材料・作り方について

- レシピは、基本的には子ども1人分です。一部、作りやすい分量で表記しているものがあります。
- 食物アレルギーの心配がある場合、食物アレルギーと診断されている場合は、自己判断せず、医師の指示に従ってください。
- 1カップは200ml、大さじ1は15ml、小さじ1は5mlです。
- 食材の分量は、皮や種など不要なものを取り除き、1回の食事で食べさせたい実質の分量を記載しています。
- 電子レンジの加熱時間は、600Wを使用したときのものです。500Wの場合は表示時間の1.2倍、700Wの場合は0.8倍を目安にしてください。ただし、機種などによって加熱時間が異なることがあるので、様子をみながら調整してください。
- オーブントースターは機種などによって加熱時間が異なることがあるので、様子をみながら調整してください。
- 水の分量は火加減や鍋の大きさによっても異なることがあるので、様子をみて調整してください。
- 材料にとくに記載がない場合は、皮をむく、種を取る、芽を取る、筋を取るなどの下処理を行ってください。
- うどん、パスタ、マカロニなどの市販品は、メーカーによって調理方法や調理時間が異なるので、製品表示を参考に調理してください。
- 「BF」はベビーフードの略です。

計量スプーンのはかり方

大さじ1、小さじ1

粉ものはスプーンの柄などで平らにすりきります。液体はこぼれ落ちるギリギリまで入れます。

大さじ1/2、小さじ1/2

液体をはかる場合は、スプーンの深さの2/3程度まで入れます。粉ものは大さじ(小さじ)1をすりきりではかり、半分のところに線を引いて、余分をはらい落とします。

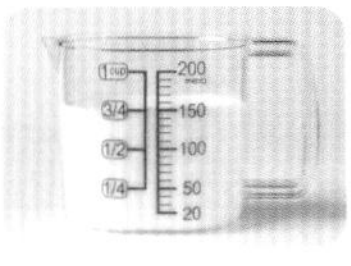

計量カップのはかり方

水平な場所に置き、真横から見て目盛りに合わせます。

Part 1

離乳食 基本の「キ」

そもそも離乳食ってどんなもので、何を食べさせたらいいんだろう?
「はじめて」には疑問や不安がいっぱいです。
ここでは、これから離乳食に取り組むママ&パパたちのために、
離乳食の基本を丁寧に解説していきます。

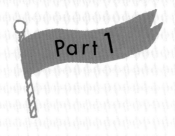

離乳食はなぜ必要なの？

発達に合わせて食べる力を育て豊かな食生活の基礎を作る

　離乳食の目的は、母乳やミルクから栄養をとっていた赤ちゃんが、少しずつ大人と同じように、乳汁以外の食べ物からも栄養をとることができるよう、液体に近いものからだんだん固いものを与え、かむ練習をすることです。

　これまで液体しか口にしてこなかった赤ちゃんは舌や口の動きも未熟。食べ物をかむことはもちろん、うまく飲み込むことすらできません。また赤ちゃんの消化吸収機能も未発達。食べ物を十分に細かく分解し、吸収できないので、赤ちゃんの時期の発達に合った食材を使い、消化しやすいやわらかさに調理する必要があります。離乳食では、赤ちゃんの発達に合わせ、生後5～6カ月から1～1歳半までを4つの期に分けて対応します。

　離乳食には、赤ちゃんが乳汁以外から栄養をとれるようにするほかにもさまざまな役割があります。いろいろな食べ物を口に入れる経験を通して味覚の世界を広げたり、かむ力を向上させたりしていきます。さらに、手やスプーンなどの道具（食具）を使うことで、体の機能が発達し、好奇心も刺激され、食べる意欲が育ちます。こうして赤ちゃんは離乳食を通し、自立する心、生きる力を身につけていくのです。

離乳食の役割

1 かむ力・飲み込む力を身につける

「食べる」という動作は実はとても複雑です。まず、食べ物を唇とあご、舌を使って口の中に運びます。そして飲み込める固さや大きさになるまで歯でかみつぶして、だ液と混ぜてひとかたまりにしてからゴックンと飲み込み、食道まで送っているのです。「かむ」「まとめる」「飲み込む」機能が未熟な赤ちゃんは、離乳食でこの複雑な動きを繰り返し練習し、そしゃく機能を発達させていきます。

2 味覚を育てる

甘み、うまみ、酸味、塩味、苦みという基本的な味を感じる力は生まれながらに持っていますが、その「味覚」の世界を広げるのも離乳食の役割。味覚は生命維持や成長に必要な味、危険な味を見分けるだけでなく、食を楽しむことにもつながります。この時期にさまざまな味を体験させることで味覚を発達させていきます。

食事・食べ方の変化

母乳・ミルク時期
誕生～生後4・5カ月まで

栄養=母乳・ミルク。
強く吸う力が発達

赤ちゃんの乳首を強く吸う力、口の中にたまった食べ物を飲み込む力は胎児の頃から発達。生後、母乳やミルクを飲むことでより上手にできるようになります。

5 食べる意欲、好奇心を育てる

離乳食は生後5～6カ月を過ぎ、食べたそうなそぶりをするタイミングを見計らってスタートします。そして、次第に自分から食べ物を手で持って口に運んだり、道具を使って食べようとしたりします。これは赤ちゃんの「自分で食べたい」という意欲が育っている証拠。豊かな食経験を通じ、赤ちゃんの自立心、意欲、好奇心を伸ばしていきましょう。

3 必要なエネルギーや栄養素を補う

生後5～6カ月になると、ママのおっぱいに含まれる栄養素だけでは足りなくなってきます。母乳に含まれるたんぱく質やミネラル（カルシウムや鉄）などの成分が、だんだん減少してしまうからです。赤ちゃんが健康的に成長するのに必要なエネルギーや栄養素を補給するためにも離乳食が必要となってきます。

4 食習慣の基礎を作る

離乳食は唇、舌、あごの動きや消化吸収機能の発達に合わせ、食材の種類や食事の回数を1日1回から徐々に増やしていきます。そして完了期には、大人と同じように毎日決まった時間に3回の食事をし、合い間に間食を1～2回するようになります。つまり、離乳食を通して正しい生活リズムを整え、適切な食習慣の基礎を作っていくのです。

幼児食期
1歳半～

1歳半以降は幼児食スタート

第一乳臼歯（→P.186）が生え、本格的なそしゃく運動がスタート。ある程度の固さのものも食べられるようになりますが、学童期に比べまだ未熟。幼児食を与えます。

離乳食期
5・6カ月～1歳半頃まで

9カ月～1歳半頃　舌の動作も活発になり食事から栄養をとれるように

舌が上下左右に動くようになり、自分で食べる意識も高くなります。食事からとる栄養素の比率も増え、1歳頃からは栄養素のほとんどを食事からとれるようになります。1日3回食事をとる生活リズムを大切にしながら1～1歳半までに離乳食完了へ。

5～8カ月頃　少しずつおっぱいとサヨナラする準備を

5～6カ月頃は「ゴックン期」。まだまだ食事の中心は母乳やミルクですが、1日1回から徐々に離乳食の練習を。7～8カ月頃の「モグモグ期」は、舌が上下に動くようになり、ごくやわらかな食べ物を舌とあごでつぶして飲み込めるようになります。

おさえておこう

栄養バランスの考え方

健康の維持・増進、すこやかな成長にはさまざまな栄養素が必要です。ここではバランスのよい食事の考え方を理解しましょう。

体が急激に発達する乳幼児は多くの栄養素が必要な時期

誕生から満1歳になるまでの間に体重が3倍ほどにもなる乳幼児期は、発育が盛んであるために、体が小さくてもたくさんの栄養素を必要とします。しかし、乳児は自分で食べ物を選ぶことができません。赤ちゃんにバランスのよい、栄養たっぷりの食事を与えられるよう、離乳食スタート時には基本的な知識は身につけておきたいものです。

生後5～6カ月は1日1回の離乳食に慣れるための期間ですが、7～8カ月には1日2回、9カ月以降は1日3回になり、バランスのとれた食事をしっかり与えるようにします。大事なポイントを覚えれば、何回かの食事で調整可能になります。基本をおさえ、楽しみながら離乳食を進めていきましょう。

食材の栄養素・特徴を知り上手に組み合わせよう

バランスのよい食事は、赤ちゃんの成長を支え、食育につながります。難しく思われるかもしれませんが、基本的な考え方はシンプルです。まず献立は「主食」「主菜」「副菜」という構成で作ります。そして、そこに左の3つの食品グループからそれぞれ1種類以上を組み合わせます。主食には体を動かす「エネルギー源」を使い、主菜・副菜には、体の調子を整える「ビタミン・ミネラル源」、血や筋肉を作る「たんぱく質源」を組み合わせて使えば、バランスのよい献立になるのです。といっても、毎食厳密に考えすぎる必要はありません。たとえば、ビタミン・ミネラルが不足した食事になってしまったら、次回や翌日の食事で野菜を多めの献立にして補充すれば、大丈夫です。

不足しがちな栄養素、とりすぎ注意な栄養素は？

乳幼児は体や脳の発達が盛んです。とくに脳の唯一のエネルギー源でもある炭水化物は必ず取り入れたい食材です。また乳幼児は鉄が不足しがちです。加えてビタミンD不足の報告も。ビタミンDを豊富に含むさけやあじなどの魚や鉄分を多く含む色の濃い野菜、赤身の魚肉や小松菜、きな粉などの食材を意識して食べさせましょう。しかし、、乳幼児は消化吸収能力が未熟なため、たんぱく質や油脂は与えすぎず、適量を心がけて。

成長に必要な3つの食品グループ

離乳食をスタートして1カ月経ったら、
3つの食品群からそれぞれ1種類以上を取り入れた献立を心がけましょう。

食材は加熱が基本！

内臓機能が未熟な赤ちゃんは細菌の抵抗力も低め。食材はすべて加熱し、殺菌してから与えるのが原則です。果物もモグモグ期頃までは(はじめて与えるものは慎重に)加熱しましょう。

力や体温となるもの
エネルギー源

ご飯　パン　めん類　バナナ　じゃがいも　など

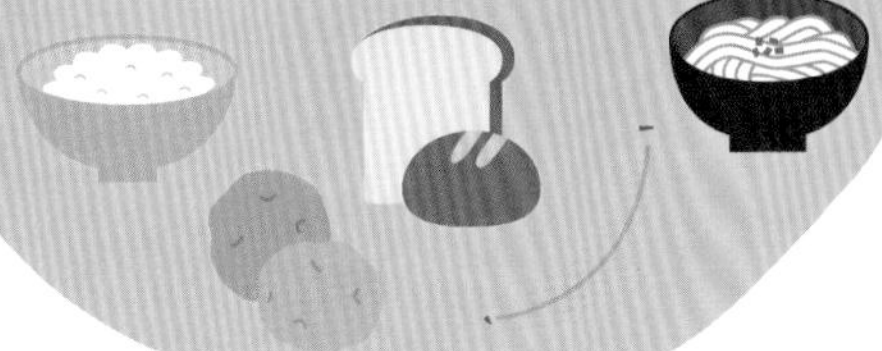

ご飯やパンなどの炭水化物は、糖質をたくさん含み、食べると体内でブドウ糖に分解され、筋肉や神経、脳などを動かすエネルギー源になります。油脂もエネルギー源に含まれます。

体の調子をよくするもの
ビタミン・ミネラル源

野菜　果物　きのこ　など

野菜や果物、海藻などビタミン・ミネラルが豊富な食品群。体の調子を整えたり、体の働きを助けたりする役割を持つ重要な栄養素を多く含みます。

野菜は加熱調理するのが基本ですが、含まれる水溶性ビタミンや加熱に弱いビタミン類は、洗ったり加熱したりすると失われやすくなります。その点、生で食べられる果物は勝手がいいです。でも、さまざまな野菜やきのこに含まれる脂溶性ビタミン(ビタミンA、D、E、K)は油脂とともにとったほうが吸収しやすく、ミネラルも生より加熱したほうが摂取量が増えるので野菜も欠かせません。ビタミン・ミネラル源は、1回の食事で「野菜＋果物」の組み合わせでとるようにしましょう。

血や肉をつくるもの
たんぱく質源

肉　魚　豆腐　卵　乳製品　など

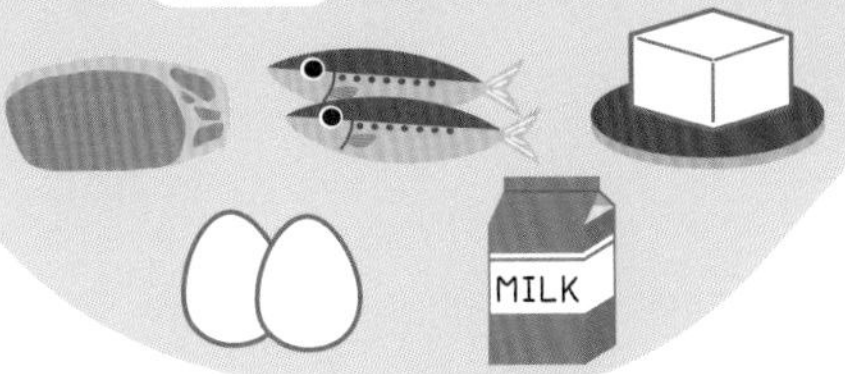

たんぱく質を多く含む食品群。血液、筋肉、皮膚、内臓などはすべてたんぱく質でできています。豆腐などの植物性たんぱく質と、魚や肉、卵などの動物性たんぱく質があります。

から完了まで栄養バランスのイメージ

＼授乳と離乳食のバランス／

母乳・ミルクとの上手な付き合い方

母乳は赤ちゃんの最大の癒し＆最良の栄養分ですが、その中身は徐々に変化することを理解しましょう。

離乳食と母乳・ミルクのバランス

離乳食の目安

5〜6カ月頃
ゴックン期
1回食

おっぱいにサヨナラする準備段階の時期

母乳・ミルク 90%　離乳食 10%

- この時期の栄養は、ほぼ母乳やミルクから。
- 授乳時間の1回を離乳食の時間にあてる。

1日1回離乳食タイムをとり、とろとろ状の米がゆを１さじ(→P.16)から始めて慣らす。

6カ月頃
ゴックン期
1回食

慣れてきたら、いろいろな味を試してみる

母乳・ミルク 80%　離乳食 20%

- 離乳食に慣れるようにさまざまな食品との出会いをさせてあげて。
- 食後は母乳・ミルクを好きなだけ与えてOK。

野菜や豆腐・白身魚・固ゆで卵黄など米以外の食材も少しずつ増えてくる。

母乳に足りない栄養を補うことも離乳食の役割

生まれたての赤ちゃんにとって、母乳は必要な栄養成分が整っていて、消化吸収も抜群。さらにママに抱かれつつ、心身ともにリラックスしながらとることのできる理想的な食事といってよいでしょう。しかし、母乳の成分は出産後の日数によって変化します。グングン成長する乳幼児期にとって、母乳では補いきれない栄養を補充するという意味でも、離乳食の役割は重要になってきます。

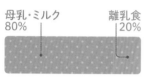

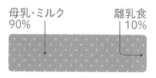

生後9カ月の母乳成分は鉄分やたんぱく質が半減

母乳は出産後6カ月を過ぎると、たんぱく質や鉄分などのミネラル源が約半分に減少。とくに鉄分は不足すると赤ちゃ

離乳食スタート

7〜8カ月頃

モグモグ期

2回食

舌でつぶして食べる
練習を始める時期

母乳・ミルク 60〜70%　離乳食 30〜40%

- 授乳タイムは1日2回の食事のほか、午前、午後、寝る前に1日5〜6回程度に。

離乳食は午前と午後の1日2回。肉や魚、卵、乳製品など、離乳食として食べられる食材が増える。

9〜11カ月頃

カミカミ期

3回食

食べられる栄養素が
グンと増える時期

母乳・ミルク 30〜40%　離乳食 60〜70%

- 食事の量が増え、食後に飲む母乳やミルクの量が自然に減る。

離乳食は１日３回。栄養の中心が離乳食に。赤身肉や青背魚など、使える食材が増える。

1〜1歳半頃

パクパク期

3回食＋間食(1〜2回)

栄養は食事からとり
1日３食が定着

母乳・ミルク 25%　離乳食 75%

- １歳を過ぎたら牛乳もOK。
- ミルクか牛乳を１日300〜400ml程度が目安。

離乳食は１日３回＋おやつ。ほとんどの食材が使えるようになり、メニューも広がる。

んの脳の機能に影響してくるので注意が必要です。6カ月を過ぎたら、離乳食を上手に取り入れながら、母乳に不足しがちな栄養素を補充してあげることが必要です。

●母乳に含まれる栄養成分の変化（ミネラル成分）

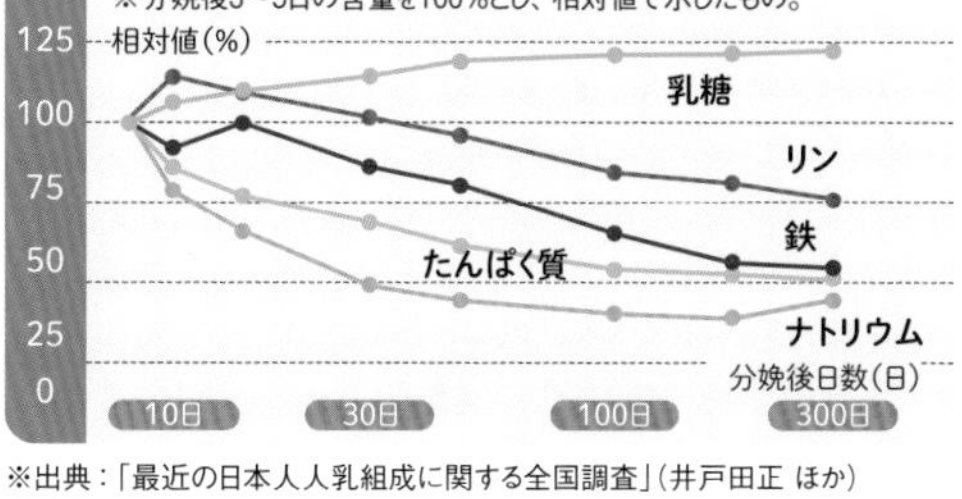
※分娩後3〜5日の含量を100%とし、相対値で示したもの。

※出典：「最近の日本人人乳組成に関する全国調査」（井戸田正 ほか）

乳離れは時間をかけながらその子のペースに合わせて

離乳食をスタートしたからといって、すぐに母乳をやめる必要はありません。その子のペースに合わせ、十分な時間をかけながら離乳食完了頃を目安に準備をしていきましょう。乳離れは、自立の第一歩でもあります。豊かな食体験をプラスしながら赤ちゃんの健康な体、食べる力を育んでいきましょう。

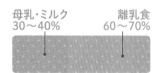

5〜6
カ月頃

ゴックン期の進め方

米がゆから離乳食に慣れさせる時期です。個人差が大きいのでその子のペースで進めましょう。

まずはとろとろ状の10倍がゆからスタート

いよいよ離乳食スタート 1さじ(小さじ1)ずつ増やすのが原則

離乳食は、消化吸収がよく、穀物の中では栄養価の高いお米からスタート。はじめは、米を10倍の水で炊いたゆるゆるの10倍がゆをさらにすりつぶしたものを1さじずつ与えます。おかゆに慣れてきたら、同様にとろとろ状にした野菜、そのあとに豆腐(たんぱく質源)を増やしていきます。

この時期はあくまで食べ物を飲み込むのに慣れさせる時期。赤ちゃんの状態を優先しながらゆっくりと進めましょう。

ゴックン期スタートのサイン

- □ 月齢が5〜6カ月である
- □ 首がすわり、寝返りができる
- □ 5秒程度ひとりで座れる
または支えれば座れる
- □ 大人が食べていると
自分も食べたがる
- □ 体調がよく機嫌もよい
- □ よだれの量が増える

●ゴックン期のタイムスケジュール例

1回食(午後の場合)		1回食(午前の場合)
母乳・ミルク	1回目(朝)	母乳・ミルク
母乳・ミルク	2回目(午前中)	離乳食 + 母乳・ミルク
離乳食 + 母乳・ミルク	3回目(午後)	母乳・ミルク
母乳・ミルク	4回目(夕)	母乳・ミルク
母乳・ミルク	5回目(寝る前)	母乳・ミルク

授乳タイム1回を離乳食に。母乳は食後に好きなだけOK

最初は赤ちゃんの機嫌のよいとき、授乳の前に1さじずつ与えます。時間や栄養バランスは考えなくても大丈夫。約2週間経ったら食べられるものは欲しがるだけ与えてOK(→P.16)。母乳・ミルクも食後は好きなだけ与えましょう。

赤ちゃんの好みに合わせて、臨機応変に対応して

離乳食を開始した最初の時点でも、10倍がゆのポタージュ状より、7倍または5倍がゆ(すりつぶしたプレーンヨーグルト状やぽってり状)を好む赤ちゃんもいます。どの状態が好みなのか、赤ちゃんをよく観察して、好む状態のものを与えるとよいでしょう。

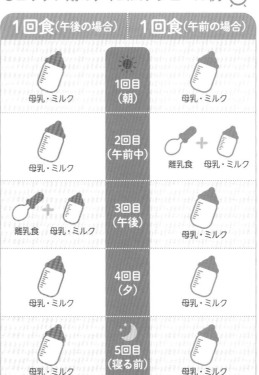

スプーンの使い方のポイント

1 大人の膝の上に横抱きしスプーンを口元へ

赤ちゃんがリラックスできるよう横抱きにします。スプーンの先を下唇にトントンと触れさせます。

2 スプーンを顔の正面から下唇の上におく

口を開けたら、下唇の上にスプーンを水平におきます。赤ちゃんは上唇を閉じて離乳食を取り込もうとします。

3 上唇で挟んで取り込んだらスプーンをゆっくり水平に引く

口が閉じて離乳食が口の中に入ったら、スプーンを水平にそっと引き抜きます。

4 口からこぼれたらすくってまた唇へ

赤ちゃんは離乳食を舌の奥に送りゴックン。口の端からこぼれたらスプーンですくい入れるのを繰り返して。

NG

口の中に食べ物を無理に流し込まない

スプーンを上唇や上あごにこすりつけ、無理やり口の中に食べ物を流し込むのはNG。自分で口を閉じて飲み込んで食べる練習を。

発育の特徴

舌は前後にだけ動き唇を閉じて飲み込めるように

生後5〜6カ月は舌が前後にだけ動かせます。6カ月になると食べ物が口に入ると唇を閉じて口の中に取り込もうとするので、口からこぼさずゴックンと飲み込めるようになります。

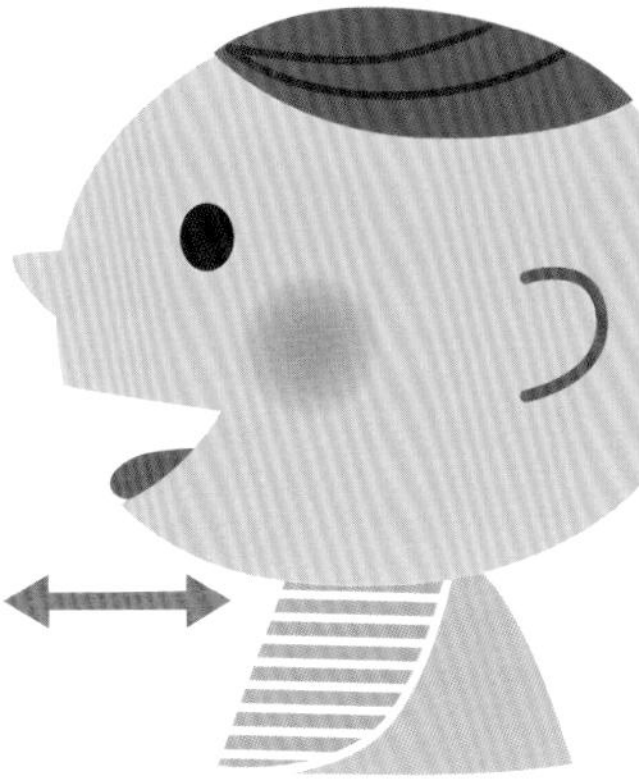

この時期の注意点

はじめて口にする食材ばかり食後の体調の変化に注意

離乳食スタート時は、アレルギー反応に注意が必要です。はじめて与える食材は1さじ程度とし、食後は発疹や目の腫れなどがないか、赤ちゃんの様子をよく観察しましょう(→P.153)。

●ゴックン期の調理例 食材の固さ&大きさ●

消化吸収機能の未熟なゴックン期の赤ちゃんには、消化のよい食材をなめらかに調理して与えましょう。

慣れてきたら	最初の頃	
混ぜずにすくったヨーグルトが理想 7倍がゆをすりつぶしたポテッとした状態。スプーンでヨーグルトをそのまますくったようななめらかさに。 	**よくかき混ぜたヨーグルト状に** 10倍がゆをすりつぶして粒のないとろとろの形状に。とろみのあるポタージュ状が目安。 	**エネルギー源**（例：米）
繊維を取り除きベタベタ状に やわらかくゆでてすりおろし、ベタベタ状にする。野菜と果物の割合は3：1程度が目安。 	**サラサラ状にしとろみをつける** やわらかくゆでて、すり鉢で丁寧にすりつぶした野菜を、とろみをつけてさらになめらかに。野菜と果物の割合は2：1程度が目安。 	**ビタミン・ミネラル源**（例：にんじん）
ぽってり状に 絹ごし豆腐をゆでてすりつぶし、ぽってり状にする。 	**すりつぶしてとろとろに** 絹ごし豆腐をゆでてすりつぶし、湯などでゆるめてとろとろ状にする。 	**たんぱく質源**（例：豆腐）

ゴックン期（スタート頃）の食材の増やし方

離乳食スタート頃は、ゆっくりと離乳食用スプーン1さじずつ増やすのが基本。最初は10倍がゆを1さじ与え、2日目も1さじ。3日目になったら2さじ与えるといった具合に1さじずつ増やすのが基本です。

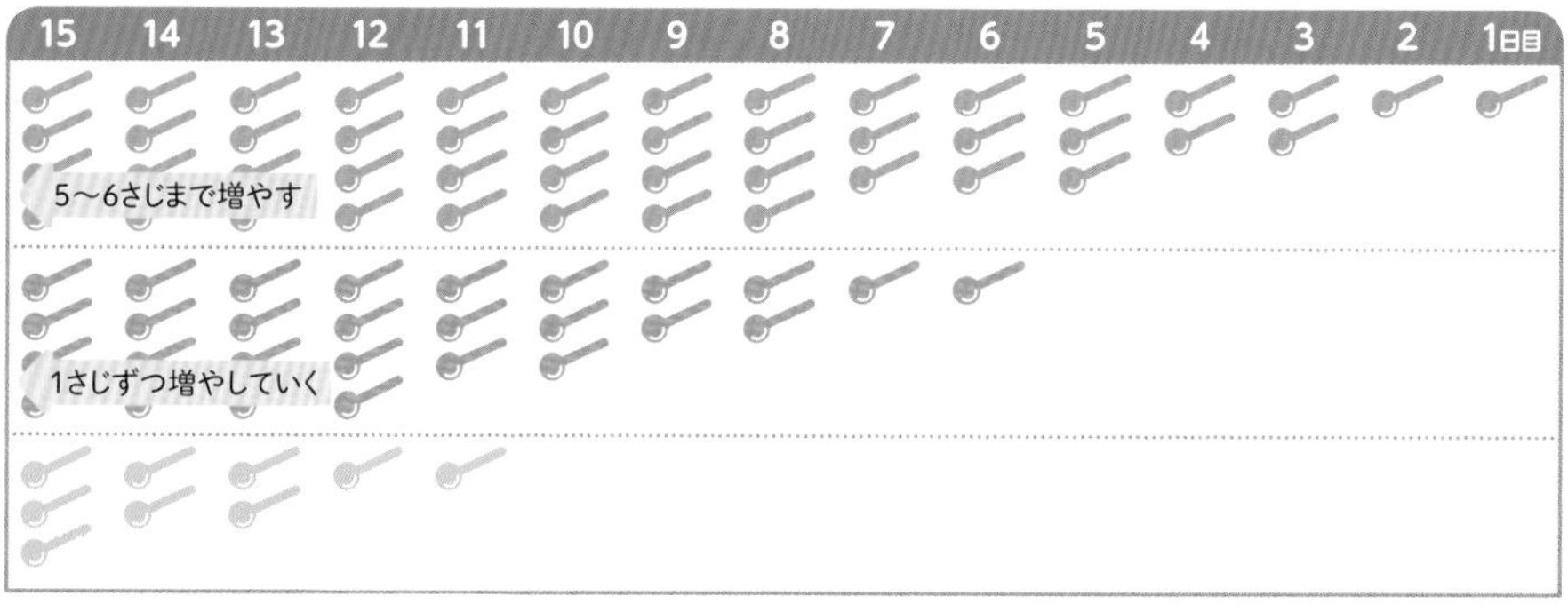

エネルギー源（例：おかゆ）
ビタミン・ミネラル源（例：にんじん）
たんぱく質源（例：豆腐）

●ゴックン期の食べてよい食材リスト●

すべてがはじめて与える食材。米やかぼちゃなどのやわらかく調理しやすい食材から。

調味料・油	たんぱく質源	ビタミン・ミネラル源	エネルギー源
□無添加だしパック	□たい（真だい）	□にんじん	□白米
	□ひらめ	□ほうれん草	□じゃがいも
	□かれい	□かぼちゃ	□さつまいも
	□しらす干し	□トマト	□バナナ◎
	□豆腐	□ブロッコリー	□パン
	□豆乳	□グリーンアスパラガス	△うどん
	□きな粉	□大根	
	□卵黄	□長ねぎ	
		□玉ねぎ	
		□キャベツ	
		□セロリ	
		□かぶ	
		□カリフラワー	
		□りんご	
		□いちご	
		□みかん	
		□なし	
		□ミックスベジタブル	
この時期は味付けの必要はありません。食材の自然の味をしっかり味わって、ヘルシーな離乳食をスタートさせましょう。	豆腐からスタートし、徐々に白身魚を与えましょう。しらす干しは塩分が強いので、湯通しをして減塩します。卵黄は固ゆでにし、湯やだしでのばすか、米がゆなどとろみのあるものと混ぜると食べやすいです。	繊維が少なくやわらかくしやすいかぼちゃやかぶはやさしい甘みが赤ちゃんに好まれ、人気の食材です。この時期は食べられる量は少ないですが、調理に手間がかかるので、多めに作って冷凍保存しておくと便利です。	穀類の中で消化しやすくて、栄養価も高い米がゆからスタートするのがベスト。 ◎分類としてはバナナは（ビタミン・ミネラル源）ですが、炭水化物（糖質）が多いので、離乳食ではエネルギー源としても扱えます。

調味料&油の使い方についてはP.150を参照

この時期与えられるたんぱく質の量はわずか。豆腐や白身魚程度で、肉、乳製品はまだ与えません。

パンやうどんなど小麦粉製品は油脂、牛乳を使用しているものが多く、塩分の多いものもあるので、これらが含まれていないものを選ぶと、さらによいでしょう。

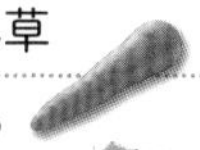

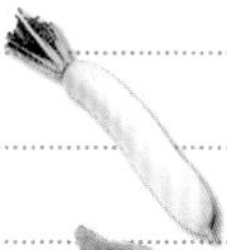

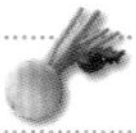

※△は、少しずつ、少量なら与えてOKな食材。

7~8カ月頃 モグモグ期の進め方

離乳食スタートから1カ月以上経ち、使える食材が増え、レパートリーも広がります。

上手に飲み込めるようになったら2回食へ

舌と上あごでつぶして モグモグ食べる練習を

乳歯が生え始めるモグモグ期の赤ちゃんは、口の前の方を使って食べ物を取り込み、舌やあごでなめらかさ、固さを学びます。この時期は食べられる食材が増えるのでいろいろな味、舌触りを体験させることが大切。けれどもレシピを考えるのが面倒になったりと中だるみしやすい時期でもあります。同じ食材でも、組み合わせを変えるなど大らかな気持ちで工夫をして乗り切りましょう。

モグモグ期スタートのサイン

- 月齢が7カ月になった
- 離乳食1回が子ども茶わん1/2杯程度食べられる
- ベタベタ状の離乳食をモグモグと口を動かし、上手にゴックンと飲み込める
- おかゆ以外に食べられる食材が増えてきた

1日2回の食事を習慣に 食後はミルクをたっぷりと

これまでの1回食に1日の中でもう1回離乳食の時間を作り、2回食に。授乳時間に置きかえるのが原則です。離乳食のあとには、母乳やミルクを赤ちゃんが欲しがるだけたっぷり与えましょう。

栄養源の半分はまだ母乳・ミルク。食べないときも焦らずに

赤ちゃんは食事以外にも興味が広がる時期。機嫌はよいのに急に食べなくなることも。ムラの多い時期なので、無理強いしなくても大丈夫。メニューがマンネリになっていないかチェックして問題がなければ、焦らずに食欲が回復するのを待ちましょう。

●モグモグ期のタイムスケジュール例

後半		前半
母乳・ミルク	1回目（朝）	母乳・ミルク
離乳食＋母乳・ミルク	2回目（午前中）	離乳食＋母乳・ミルク
母乳・ミルク	3回目（午後）	母乳・ミルク
離乳食＋母乳・ミルク	4回目（夕）	離乳食＋母乳・ミルク
母乳・ミルク	5回目（寝る前）	母乳・ミルク

前半・後半共通

この時期の注意点

食事以外に興味を持つ時期。
毎日決まった時間に食事を

赤ちゃんも急に離乳食を食べなくなったり、中だるみしやすい時期。食事は1日2回という生活リズムを整えながらも、食べたがらなければ仕方がない、という割り切りも大事です。

発育の特徴

舌は前後に加え
上下にも動くように

かたまりは舌で上あごに押しつけてモグモグ動かしてつぶします。またつぶした食べ物を舌でひとまとめにする動きを覚え始めるので、まとめやすく飲み込みやすいようとろみをつけて。

座り方のポイント

ひとりで座れるなら
食事用の椅子の用意を

ベビーチェアなど、食事用の椅子を用意してあげてもよい時期。口に力を入れてモグモグ食べられるよう、床や椅子の踏み台などにしっかりと足がつく椅子を選びましょう。

発達を促す食べさせ方

ゴックン
モグモグ
NG
赤ちゃんの口に食べ物が残っているうちに次のスプーンを口元に持っていかない。

まる飲みの問題が出る時期。
食べさせ方にも注意を

早食いやまる飲みになりやすい時期。まる飲みするだけではそしゃく運動の練習になりません。唇でスプーンを挟み、口をモゴモゴ動かしたあと、飲み込むのを確かめながら与えましょう。

●モグモグ期の調理例 食材の固さ&大きさ●

モグモグ期の食材は、ゴックン期の状態に比べてやや水分を少なくし、形を少しずつ残していきます。

後半	前半	
粒が見える5倍がゆに 米の粒がわかるくらいの5倍がゆを1回80g程度。うどんは55g程度が目安。 	**ベタベタのマヨネーズ状** ベタベタ状の7倍がゆを1回50g程度。うどんなら1回35g程度を目安に。 	**エネルギー源**（例：米）
やわらかくゆで、少し形を大きく かたまりのままやわらかくゆで、少し形を大きく切る。3〜4㎜のみじん切りに。野菜と果物の割合は3：1程度。 	**舌とあごでつぶせる固さに** 野菜は舌でつぶせるくらいの固さにゆで、2〜3㎜のみじん切りに。野菜と果物の割合は3：1程度。 	**ビタミン・ミネラル源**（例：にんじん）
後半は少し水気をきって 湯通しをした絹ごし豆腐をキッチンペーパーで包んで水切りをし、赤ちゃんの口にひと口で入る量をスプーンですくって食べさせる。 	**湯通しした絹ごし豆腐をそのまま** 湯通しをした絹ごし豆腐を赤ちゃんの口にひと口で入る量をスプーンですくって食べさせる。 	**たんぱく質源**（例：豆腐）

先輩パパの離乳食リポート

モグモグ期

調味料のほかに、食材を調味に生かすことを意識

わが子は食べることが大好き！　自ら食べようとする姿が見られるようになり、作るほうも工夫のしがいが出てきた頃です。玉ねぎやにんじん、豆乳の甘さを活用したり、小松菜のわずかな苦みをお米の甘みでカバーしたりと楽しみながら離乳食を作っています。

磯辺優さん
杏介くん（8カ月）

ある日の離乳食メニュー

・小松菜と鶏ひき肉のおかゆ
・豆乳とあらごし玉ねぎのすりながし
・根菜のそぼろ煮

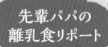

●モグモグ期の食べてよい食材リスト●

モグモグ期からは食べられる食材が増えてきます。肉は鶏ささ身から慣れさせ、目安量を守りましょう。

調味料・油	たんぱく質源	ビタミン・ミネラル源	エネルギー源
ゴックン期の食材 +	ゴックン期の食材 +	ゴックン期の食材 +	ゴックン期の食材 +
☐ 砂糖(上白糖)	☐ まぐろ 	☐ ピーマン	☐ うどん 
☐ 酢	☐ かつお	☐ おくら 	☐ そうめん
☐ トマトケチャップ	☐ さけ 	☐ さやえんどう	☐ はるさめ 
☐ バター	☐ ツナ缶	☐ さやいんげん	☐ バターロール
☐ 生クリーム(動物性)	☐ かつおぶし 	☐ なす 	△ フランスパン
☐ オリーブ油	☐ 鶏ささ身	☐ きゅうり 	☐ コーンフレーク(プレーン)
☐ コーン油	☐ 牛乳 	☐ レタス	☐ オートミール
☐ しそ油 	☐ プレーンヨーグルト	△ きのこ全般	☐ 里いも 
☐ えごま油 	☐ カッテージチーズ	☐ グリーンピース	☐ 山いも 
△ 塩	☐ プロセスチーズ	☐ あずき	からす麦をひき割りにしたオートミールは、鉄分とカルシウムが豊富で消化もよく、簡単にやわらかくなるので離乳食に最適。
△ しょうゆ	☐ カマンベールチーズ	☐ フルーツ缶詰	
△ みそ	☐ 納豆 	☐ 焼きのり 	
△ めんつゆ	☐ 高野豆腐	☐ 青のり	
△ サラダ油	☐ 卵黄 	のりなど海藻類もトロトロにして徐々に使えるようになります。	
△ ごま油 	☐ 卵白(全卵)		
モグモグ期では、調味料はまだ可能な限り使わずに調理しましょう。使用する場合は味があるかないかぐらいのほんのりした味付けを心がけて。調理油はサラダ油よりもオリーブ油など、ほかのものが混ざっていない植物油がおすすめです。	卵はゴックン期で固ゆでの卵黄、モグモグ期から白身も使えるようになります。魚はまぐろやかつおなどの赤身も使えるように。肉は脂肪分の少ない鶏ささ身から与えましょう。乳製品も使えるようになりますが、チーズは低脂肪、低塩分のものを。納豆は加熱して利用します。	野菜はこの時期になると苦みやえぐみの強いもの、調理してもやわらかくなりにくいものを除いて、ほとんどのものを使えるようになります。皮をむいたトマトなど一部を除き、すべて加熱が原則です。	この時期はおじやが大活躍。かつおやこんぶだしのほかに、トマトなどのペースト、野菜スープや牛乳・乳製品を使ったり、食材の刻み方を工夫したり、味や固さに変化を出しましょう。生の山いもはかぶれやすいので、しっかり加熱するのを忘れずに。

※△は、少しずつ、少量なら与えてOKな食材。

9~11カ月頃

カミカミ期の進め方

離乳食からとるエネルギーや栄養素が増えてきます。食べる意欲が強くなり、手づかみ食べも始まります。

離乳食は1日3回。栄養面もより重要に

鉄分が不足しがちになる時期。手づかみ食べも盛んに

1日3回食となり、エネルギーや栄養素の半分以上を離乳食からとるようになります。（母乳の）鉄分が不足してくる時期なので、より栄養バランスに配慮しましょう。また舌が上手に動くようになるので、そしゃく力の練習も大事な時期。「手づかみ食べ」も盛んになります。赤ちゃんは「手づかみ食べ」をして食べ物の感覚を学んでいます。できるだけ自由にさせてあげましょう。

カミカミ期スタートのサイン

- □ 月齢が9カ月になった
- □ 食べるときに、口を左右に動かして食べる
- □ かたまりになっている食べ物は歯ぐきでつぶして食べようとする

●カミカミ期のタイムスケジュール例

後半		前半
母乳・ミルク	1回目（朝）	母乳・ミルク
離乳食＋母乳・ミルク	2回目（午前中）	離乳食＋母乳・ミルク
離乳食＋母乳・ミルク	3回目（午後）	離乳食＋母乳・ミルク
離乳食＋母乳・ミルク	4回目（夕）	離乳食＋母乳・ミルク
母乳・ミルク	5回目（寝る前）	母乳・ミルク

前半・後半共通

離乳食が1日3回に 母乳・ミルクの量も調整を

1日の中で離乳食の時間が3回に増えます。はじめは1回分の量が少なくても大丈夫。だんだん食後のミルクが不要になってきます。3回の食事が生活の中に定着できるようにしていきましょう。

11カ月頃からは徐々に家族と同じ時間に食事を

後半は、食事の時間を朝、昼、晩と、家族と同じ時間帯に近づけていきましょう。好き嫌いの出やすい時期ですが、味よりも繊維が多いなど食べにくさが原因のことも。とろみをつけたり、ほかの食材と混ぜるなどの工夫をしてみましょう。

この時期の注意点

ストロー
マグ

唇を動かさずに飲む ストローやマグは避ける

ストロータイプのマグのみを幼児期以降も使い続けると、舌の発達が遅れ、言葉の発音に影響するとの報告も。1歳〜1歳半までにはコップで飲み物を飲めるように今から少しずつ練習をしていきましょう。

発育の特徴

そしゃく力がより発達。舌の動きも活発に

舌を前後、上下、さらに左右にも上手に動かせるようになってきます。また前歯が生えてくる時期なので、前歯で切ったあと、歯ぐきでつぶせるようになります。

座り方のポイント

食べ物に手が届くよう 体や椅子の位置を調整

手づかみ食べが盛んになるカミカミ期には、食事の際、椅子の位置や座らせる位置にも気を配りましょう。食事に手が届くよう椅子はテーブルに近づけ、少し前の位置に座らせます。

発達を促す食べさせ方

遊びがおさまらないようなら15〜20分程度で食事を切り上げて。

ポイポイ、グチャグチャも 発達に必要な過程と考えて

手づかみ食べは、食べ物を投げたり、机でつぶしたりと遊んでいるように見えますが、食べ物の形や固さを触って学んでいるのです。発達のプロセスと考え、見守ってあげましょう。

●カミカミ期の調理例 食材の固さ&大きさ●

舌でつぶせない食べ物は歯ぐきを使ってつぶすようになります。まる飲みをしない大きさ、固さに調理しましょう。

後半	前半	
米1：水3のやわらかめの軟飯 前半に比べ、やや水分を減らして炊き、おかゆよりもやや固さのある軟飯に近づける。 	**米1：水5の一般的なおかゆ** 歯ぐきで簡単につぶせるやわらかさに炊く。大人が一般的に食べられる、いわゆる普通のおかゆ。 	エネルギー源（例：米）
やわらかさは同様に形を大きめに 後半は前半同様のバナナの固さまでゆでて、7㎜大の大きさに刻む。野菜と果物の割合は3：1程度。 	**歯ぐきでつぶせるバナナの固さ** かたまりのまま、歯ぐきでつぶせるバナナくらいのやわらかさまでゆでて、5㎜大の大きさに粗めに刻む。野菜と果物の割合は3：1程度。 	ビタミン・ミネラル源（例：にんじん）
7〜8㎜角の木綿豆腐 湯通しをした木綿豆腐を、7〜8㎜角程度に切る。 	**5〜6㎜角の木綿豆腐** 湯通しをした木綿豆腐を、5〜6㎜角程度に切る。 	たんぱく質源（例：豆腐）

先輩ママの離乳食リポート

カミカミ期

おっぱいの量が減り ご飯の量が増えました

離乳食スタート時から食欲旺盛でよく食べている娘です。まだ味付けはしていません。ボロボロ落としながらも、手づかみ食べでなんでもパクパクとよく食べています。

若穂囲理佳さん
実莉ちゃん（9カ月）

ある日の離乳食メニュー

- おかゆ
- トマト、玉ねぎ、にんじん、なすのスープ
- きゅうりと小松菜のサラダ
- ゆで大根&にんじん
- 豆腐

カミカミ期

●カミカミ期の食べてよい食材リスト●

離乳食から得る栄養素の比率がぐっと増える時期。バランスのよい栄養を心がけましょう。

調味料・油	たんぱく質源	ビタミン・ミネラル源	エネルギー源
ゴックン期の食材	ゴックン期の食材	ゴックン期の食材	ゴックン期の食材
モグモグ期の食材	モグモグ期の食材	モグモグ期の食材	モグモグ期の食材
＋	＋	＋	＋
□ しょうゆ	□ 銀たら	□ ししとう	□ ビーフン
□ みそ	□ あじ	□ れんこん	□ スパゲッティ
△ 塩	□ いわし	□ ごぼう	□ マカロニ
△ オイスターソース	□ さんま	□ もやし	□ ホットケーキ
△ みりん	□ ぶり	□ 枝豆	
△ だしの素	□ カキ	□ わかめ	
△ 鶏がらスープの素	□ ほたて貝柱	□ ひじき	
△ 白だし	□ あさり	□ とろろこんぶ	
△ こしょう	□ しじみ	□ 寒天	
△ ポン酢しょうゆ	□ 鶏肉(むね、もも)	□ ところてん	
△ ドレッシング	□ 牛肉(赤身)	□ もずく	
△ 焼肉のタレ	□ 豚肉(赤身)	□ きのこ全般	
△ カレー粉	□ レバー	□ 梅干し	
△ テンメンジャン	□ 大豆(水煮)		
△ サラダ油	□ おから		
△ ごま油	□ 卵白(全卵)		
使用する場合は味があるかないかぐらいのほんのりした味付けを心がけて。塩、しょうゆ、みそなど塩分の多い調味料はできればカミカミ期以降から。	脳の働きをよくするDHAが豊富な青背魚もOKに。銀たらは白身魚でもカミカミ期から。あさりやしじみも使えますが、加熱すると固くなるので、刻んだリスープを使用したりと調理に工夫を。レバーや赤身肉でしっかり鉄分補給を心がけましょう。	きのこ類も食べられるようになります。鉄分が不足しがちなので、ひじきなど鉄分が多い食材は積極的にとりましょう。枝豆は薄皮を取り除いてすりつぶしてトロトロ状で与えます。のどに詰まらせる危険があるので注意して。	スパゲッティやマカロニといったパスタ類はやわらかくフニャフニャにするなら、モグモグ期でもOKですが、日常的にはカミカミ期からにしましょう。ビーフンは弾力があるので、やわらかくもどしてから細かく刻んで。

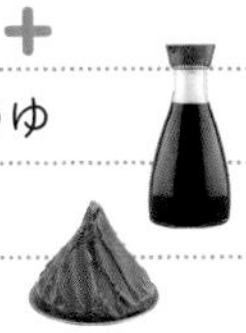
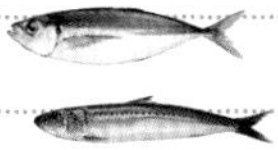

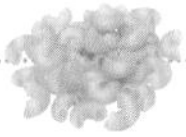

※△は、少しずつ、少量なら与えてOKな食材。

1~1歳半頃 パクパク期の進め方

食べる機能が発達し、手づかみ食べもさらに盛んに。しっかりかむ習慣をつけて離乳食完了へ

栄養のほとんどを離乳食からとります

1日3回の食事とおやつでバランスよく栄養をとる

パクパク期は幼児食へのステップとなる時期。しかし、この時期は内臓がまだ未熟で、食べる量の個人差も大きいため、1日3回の食事では十分な栄養がとりきれません。そのため食事の間に「補食(おやつ)」をとり、不足しがちな栄養素を補います。遊び食べや手づかみ食べもさらに盛んになります。遊び食べは2〜3歳まで続くので、いまは子どもの意欲を伸ばす時期と考えて気長に付き合いましょう。

パクパク期スタートのサイン

- □ 1歳になった
- □ 1日3食の食事が定着してきた
- □ 手づかみ食べが盛んになってきた
- □ 食べ物を前歯でかみ取り、歯ぐきでかもうとする
- □ かたまりになっている食べ物を、口を上下左右に動かしながら食べる

3回の食事の量に合わせ 1〜2回おやつをプラス

1日3回の食事を定着させます。しかし、1回の食事量にバラつきがあったり、栄養バランスが偏ることもあるでしょう。その場合は1日1〜2回、食事の間におやつの時間をとり、飲み物を含め必要な栄養源を補いましょう。

食事の時間を中心とした 1日の生活リズムを整えて

食事の時間を決め、幼児食に備えた1日の生活の流れを作りましょう。歯で食べ物をかみ切り、歯ぐきでかんで食べ、必要なエネルギー・栄養素の75〜80%を食事でとれることが目安です。20〜25%は乳汁からとりますが、母乳や育児用ミルクでなくても、フォローアップミルクや牛乳、乳製品へと移行してもOKな時期です。

●パクパク期のタイムスケジュール例

後半		前半
離乳食	1回目(朝)	離乳食
牛乳または麦茶 + おやつ	2回目(午前中)	牛乳または麦茶 + おやつ
離乳食	3回目(午後)	離乳食
牛乳または麦茶 + おやつ	4回目(夕)	牛乳または麦茶 + おやつ
離乳食	5回目(寝る前)	離乳食

前半・後半共通

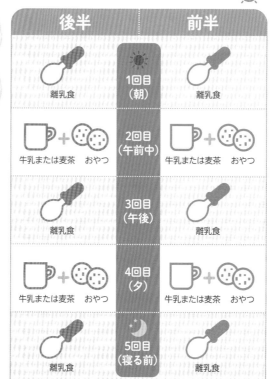

この時期の注意点

大人のメニューの取り分けは味の濃さや固さに注意を

いろいろなものが食べられるようになりますが、大人の食事を取り分けるときは2倍以上の薄味を心がけて。そしゃく力もまだ弱いので、月齢に合わせた固さ、大きさにして与えましょう。

発育の特徴

口の動きはさらに発達するがそしゃく力はまだ未熟

口を上手に動かして食べ物をかめるようになりますが、そしゃく力はまだ弱いので、食べ物の固さには注意を。後半には犬歯と第一乳臼歯《だいいちにゅうきゅうし》も生え、前歯（上下4本ずつ）で食べ物をかみ切れるようなります。

座り方のポイント

足を台にしっかりつけて食べる

足が補助台にしっかりつく状態で食べないと、かむ力はつきません。手やスプーンで食べやすいよう、ひじがテーブルにつく高さに座らせ、足の裏がしっかりと床や踏み台につくように調整しましょう。

発達を促す食べさせ方

道具を使って食べたがる時期フォークよりスプーンを

手づかみに加えスプーンなど道具も使いたがりますが、「自分で食べる気持ち」を伸ばすため、できれば自由にやらせて。口を開けたままで食べられるフォークより、唇を閉じる練習ができてそしゃく力を促すスプーンの多用がおすすめ。

●パクパク期の調理例 食材の固さ&大きさ●

大人の食べる固さに近づいていきます。やわらかすぎず、固すぎない「ミートボール」が目安。

後半	前半	
大人と同じご飯でOK 大人と同じ固さのご飯が食べられるように。量は80g（子ども茶わんで八分目程度）が適量。 	**やや水分多めのやわらかいご飯**  水をやや多めに入れて炊いた「軟飯」がこの時期の目安。量は90g（子ども茶わん1杯弱程度）が適量。	エネルギー源（例：米）
やわらかさは同様に形を大きめに 前半同様、スプーンで簡単に切れるミートボールくらいの固さにゆで、1cm大の大きさに切る。野菜と果物の割合は4：1程度。 	**スプーンで楽に切れる固さ**  スプーンで簡単に切れるミートボールくらいの固さにゆで、8mm大の大きさに切る。野菜と果物の割合は3：1程度。	ビタミン・ミネラル源（例：にんじん）
ソテーした木綿豆腐を1cm×7〜8mm角に 湯通しした木綿豆腐（焼き豆腐でも可）をキッチンペーパーで包んで水切りし、軽くソテーをして、1cm×7〜8mm程度に。 	**1cm×5〜6mm角の木綿豆腐**  湯通しした木綿豆腐（焼き豆腐でも可）をキッチンペーパーで包んで水切りし、1cm×5〜6mm程度に（バター焼きしたものでもよい）。	たんぱく質源（例：豆腐）

先輩ママの離乳食リポート

パクパク期

離乳食は効率重視！
栄養満点の丼風ご飯

離乳食は時短と栄養摂取を意識した米+野菜+たんぱく質の丼風ご飯が多いです。あとは手づかみできるフルーツは必須！　気が向いたら残っている食材でおやきも焼きます。

ある日の離乳食メニュー

・野菜たっぷり煮込みハンバーグ
・ご飯　・いちご
・さつまいものおやき

和田華林さん
莉緒ちゃん（1歳1カ月）

パクパク期

●パクパク期の食べてよい食材リスト●

いろいろな食材を食べられるようになります。おやつではエネルギー源の穀類をプラスしましょう

調味料・油	たんぱく質源	ビタミン・ミネラル源	エネルギー源
ゴックン期の食材	ゴックン期の食材	ゴックン期の食材	ゴックン期の食材
モグモグ期の食材	モグモグ期の食材	モグモグ期の食材	モグモグ期の食材
カミカミ期の食材	カミカミ期の食材	カミカミ期の食材	カミカミ期の食材
＋	＋	＋	＋
□オイスターソース	□さば	□ハーブ類	□中華めん
□白だし	△えび	□アボカド	
□めんつゆ	△かに	△パイナップル	
□テンメンジャン	□いか	△ドライフルーツ	
□はちみつ	□たこ	△味付けのり	
△ソース(ウスター、中濃)	△たらこ	△韓国のり	
△コンソメ(市販)	□さけフレーク	△のりのつくだ煮	
△塩	□魚肉ソーセージ	△炊き込みわかめ	
△みりん	△かまぼこ	△にんにく	
△サラダ油	△ちくわ	△しょうが	
△ごま油	△かに風味かまぼこ	△ジャム	
	□合いびき肉	△ごまペースト	
	□ベーコン	△ふりかけ	
	□ハム		
	□ソーセージ		

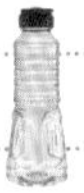

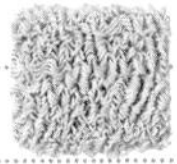

大人の食事からの取り分けも多くなる時期。家族全体で薄味を心がけたいですね。

コンソメ(市販)は添加物の少ないものを選び、少量だけ使います。すべてをまんべんなく薄味に味付けするのではなく、アクセントをつけ、メリハリのある献立を心がけて(主食は味付けなし、主菜にしょうゆを少々など)。

アレルギー予防に魚卵(いくらなど)は生で与えません。ハム、ソーセージ、ベーコンなど加工食品を利用する場合は、添加物や塩分の少ないものを選び、ごく少量にとどめましょう。いか、たこは硬いので歯ぐきでかめるように調理して。

アボカドはモグモグ期以降、少量ならOKですが、脂肪が多いので、1歳以降がよいでしょう。ごぼう、れんこん、たけのこもすりおろしたり刻んだりして調理をすれば楽しんで食べられるようになります。

ほとんどの穀類が食べられるようになります。中華めんは消化が悪いので1歳以降に。添加物や塩分が多く含まれているので必ず下ゆでを。手づかみ食べの調理をしやすい素材ですが、口の中にたくさん詰め込んでしまうことがあるので注意しましょう。

※△は、少しずつ、少量なら与えてOKな食材。

／ゴックン期からパクパク期まで／

1日の離乳食献立例

ここではゴックン期からパクパク期まで、1日の理想的な献立例と献立の考え方を紹介します。

基本の考え方をおさえ賢く献立を立てましょう

ただでさえ手間のかかる離乳食。献立まで考えるのは大変そう……と感じる方も多いかもしれません。けれど、献立の基本的な考え方はそれほど複雑なことではありません。気をつかうべき大事なことは「栄養バランスがとれていること」、そして「発達に合わせた量とやわらかさになっていること」です。

モグモグ期を過ぎたら、エネルギー源、ビタミン・ミネラル源、たんぱく質源の中から食材を組み合わせて献立を立てましょう。カミカミ期以降になり、1日3食になると、献立を考えるのもひと苦労ですが、たとえば1食分は1皿で多数の栄養素がとれるパスタやサンドイッチのみにするなど、手間を減らす工夫を取り入れて乗り切りましょう。

ゴックン期の献立例

なめらかにすりつぶしたおかゆに、とろとろ状の野菜や白身魚を混ぜたメニューが中心。

なめらかさを重視したメニュー

ゴックン期では献立を厳密に考える必要はありません。エネルギー源を取り入れた主食を中心に、主菜、副菜を少量とり入れればOK。

- 白がゆ…P.42
- たいとブロッコリーのうま煮…P.85

モグモグ期の献立例

- オートミールのフルーツがゆ…P.51
- 野菜のポタージュ…P.95

食べやすいようやわらかく煮て、舌でつぶせる固さのメニューを中心に与えます。

3つの栄養素を意識

離乳食が1日2回に増えるモグモグ期。食材を徐々に増やし、エネルギー源、ビタミン・ミネラル源、たんぱく質源の3つの栄養素をバランスよくとり入れられる献立を考えましょう。

- 白がゆ…P.42
- 白菜とさけのうま煮…P.67

カミカミ期の献立例

手づかみしやすいメニューも

離乳食は1日3回。主食ベースにしながら、朝は主食と主菜＋副菜、昼は主食と副菜を混ぜた1皿料理、夜は主食・主菜・副菜と独立したメニューなどにしても。手づかみ食べに配慮したメニューも取り入れましょう。

朝

- ロールパン
- パプリカ入りオムレツ…P.100

調理法は歯ぐきでつぶせる固さを心がけます。手づかみしやすい軽くトーストしたパンを与えてOK。

※パンはだ液を吸うので、のどにつまらせやすいですが、軽くトーストするとつまらせにくくなります。

お助け食材
パスタ
パスタは味付け、形状ともに種類が多いのでマンネリ防止に便利！

昼

- トマトとツナのスパゲッティ…P.54

一皿でたくさんの栄養素がとれるお役立ちメニュー。スパゲッティは少量ならモグモグ期から与えてよい人気食材。

- 白がゆ…P.42
- チキンナゲット風…P.78
- 青菜のスープ

主食（エネルギー源）・主菜（たんぱく質源）・副菜（ビタミン・ミネラル源）を使った３品の献立例。

青菜のスープ

（材料）

だし汁	80ml
青菜（ほうれん草）	20g
バター	少々

（作り方）

1. 青菜は、やわらかくゆでて小口から刻んでおく。
2. 鍋にだし汁を沸かし、青菜を入れ、1分ほど煮たあと、バターを加える。

手づかみOK
チキンナゲット風
指でつかみやすい形なので、おでかけ時にもおすすめ。

パクパク期の献立例

主食＋主菜＋副菜の献立に

朝昼夜の食事に、1日1〜2回のおやつ（補食）が加わります。1回の食事は主食・主菜・副菜の合計3品程度で、1日もしくは1週間で必要な栄養素がとれるよう献立を考えましょう。

朝

● コーンパンケーキ…P.58
● スティックゆで野菜

パンケーキや、スティック状に切った野菜は、手づかみしやすく忙しい朝におすすめ。

スティック野菜

（材料）

きゅうり……15g
にんじん……15g

（作り方）

1. にんじんはやわらかくゆでる。
2. きゅうりは皮をむく。
3. 1と2をそれぞれ3cmほどの細めのスティック状に切り、盛り合わせる。

おやつ 午前

● 煮りんご…P.144

食べやすく切ったりんごを、水を加えてやわらかくなるまで煮たフルーツ系おやつ。

昼

● 納豆とにらのチャーハン…P.56

チャーハンも優秀な時短メニュー。栄養バランスのよい食材と薄味を心がけて。

お助け食材

納豆

ビタミンB群が豊富な優良たんぱく質源。のどごしもよく、混ぜるだけでとろみづけにも！

おやつ 午後

- ベビークッキー…P.145
- 麦茶

ベビーフード（→P.142）も上手に取り入れましょう。水分の少ないおやつの場合は麦茶も一緒に。

パクパク期のおやつ

おやつは適量を守って

パクパク期以降は、食べる量や栄養バランスを考えて不足しがちな栄養を補食でプラスします。おやつは時間を決めて、一緒に与える飲み物と合わせて量を調節します。

手づかみOK

クッキー

指でつまみやすいクッキーは子どもも大好き。ベビーフードのものも種類が豊富にあります。

わかめのおつゆ

（材料）

だし汁……100ml
わかめ（細かく刻み戻したもの）……小さじ1

（作り方）

1. 鍋にだし汁を沸かす。
2. 1の鍋にわかめを加え1分ほど煮る。

お助け食材

わかめ

常備しやすい乾燥わかめは、毎日とりたいミネラルが豊富で調理も簡単！

夜

- 軟飯…P.42
- かぼちゃの豚肉巻き焼き…P.83
- わかめのおつゆ

1日3回食になっても、主食は毎食ご飯でもOK。主菜、副菜で栄養バランスをとります。

◆ 乳幼児の栄養学&調理のエキスパートがアドバイス ◆

ママ&パパも！ 赤ちゃんも！ 離乳食を楽しむコツ

白梅学園大学・短期大学非常勤講師
上田玲子先生

最初はうまくいかなくても当たり前。悩んだ分、人としての幅も広がります

離乳食は最初から喜んで食べる子もいれば、なかなか食べない子、野菜が嫌いな子などさまざま。でも心配しなくて大丈夫。赤ちゃんは個人差が大きく、離乳食の進め方も人それぞれでよいのです。うまくいかなくてもそれが当たり前と考えて、無理をせず、赤ちゃんのペースで進めましょう。とくにゴックン期は神経質になりがちですが、栄養の主体は母乳なので、手作りにこだわらず、ベビーフード(→P.132)で試してもOK。また母乳を足すと母乳に近い味になり安心して食べたり、豆腐など舌触りのよいものを選ぶと食べてくれることもあります。悩みが尽きなくても、悩むことは相手(赤ちゃん)を理解できるようになるための貴重な体験ですよ。

離乳食でのトラブル
は貴重な体験。
イヤイヤ！ ポイ！も
成長のプロセスです。

POINT

★食べてくれないときは
　母乳を加えてみる。

★うまくいかなくて当然。
　悩むことも経験と考える。

料理研究家
上田淳子先生

子によって、日によって、好みは変わるものと割りきって！

赤ちゃんの食べ物の
好みは変わっていく
ものなので、根気よく
試してみて。

POINT

★「離乳食は未知への
　チャレンジ」。
　気楽に楽しんで！

私には双子の息子がいますが、食べ物の好みがまったく違います。片方の子が大好きな食材を、もう片方が食べてくれないこともあり、離乳食は苦労しました。でも、やはり赤ちゃんにも一人ひとり個性があり、食べ物の好みが違うのは当然。しかも、子どもの食べ物の好みはコロコロ変わっていくものなので、あまり気にしないほうがよいというのが実体験を通しての感想です。なかなか食べてくれなかったり、苦手な食材があっても、「離乳食は未知へのチャレンジ」と考えて、楽しみながらあの手この手で試してみましょう。大人がストレスを溜めてしまうと、赤ちゃんに伝わってしまうことも。気楽に、根気強く続けることが大事です。

Part 2

さあ、調理を始めましょう！

基本をおさえたら、実践です！

「主食」「野菜・きのこ」「肉類」「魚類」「卵・乳製品」「豆類・乾物」

など食材ごとに、赤ちゃんに人気のメニューをたっぷり紹介します。

調理ワンポイントやアドバイスもぜひ参考に！

離乳食作りには欠かせない！

そろえておきたい調理グッズ

赤ちゃんが食べやすい離乳食を作るために、そろえておきたい調理道具、あると便利なグッズを紹介します。

おろし器

複数あると便利

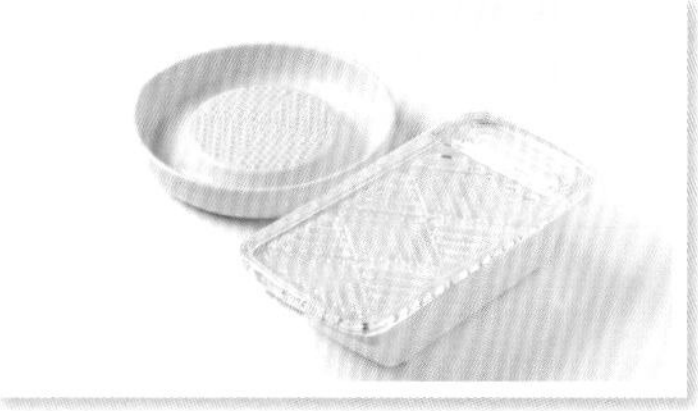

離乳食スタート頃などで素材を細かくするときに重宝します。おろし器の素材やおろし目の細かさで仕上がりが変わるので時期や用途で選んで。

小鍋

少量の調理には必須

離乳食では野菜や肉を少量だけゆでることが多いので、小さいサイズの鍋が役に立ちます。おかゆを作るときなどのためにふたつきのものを。

計量スプーン

15ml以下の材料を計量

少量の材料を計量するときに使います。大さじ1（15ml）、小さじ1（5ml）のほか、大さじ1/2、小さじ1/2などを計量できるものがあります。

計量カップ

水や米を計量

水や米、だし汁などを計るときに使います。目盛が大きくはっきり見えるものがよいでしょう。耐熱性なら電子レンジでも使えて便利です。

マッシャー

野菜を手早くつぶす

ゆでた野菜をつぶすときに使います。かぼちゃやじゃがいもなどはかたまりのままゆでてマッシャーでつぶすと簡単に手早くなめらかになります。

搾り器

果汁を搾るときに

果汁を搾って使う調理のときに便利です。みかんやオレンジなどは皮つきのまま半分に切って搾れば、ムダなくしっかり搾れます。

離乳食調理セット

コレも便利！

必要なものがそろって一式に

搾ったり、おろしたり、すりつぶしたりといった手間のかかる下ごしらえに必要なグッズがすべてそろった離乳食用の調理セット。すべて重ねてコンパクトに収納できます。

赤ちゃんの離乳食必須アイテムは?

スプーン

離乳食用のスプーン。大人が食べさせやすい形状のもの、赤ちゃんが自分で食べやすい形など、時期に合わせて形状や素材を選びましょう。大人が与える用としては柄が長く、くぼみが浅いものがよいでしょう。手づかみ食べをしだすカミカミ期あたりは、手のひらサイズで軽いプラスチック製のものを与えて。ひとりでスプーンを使って食べられるようになってきたらステンレス製でもOKです。

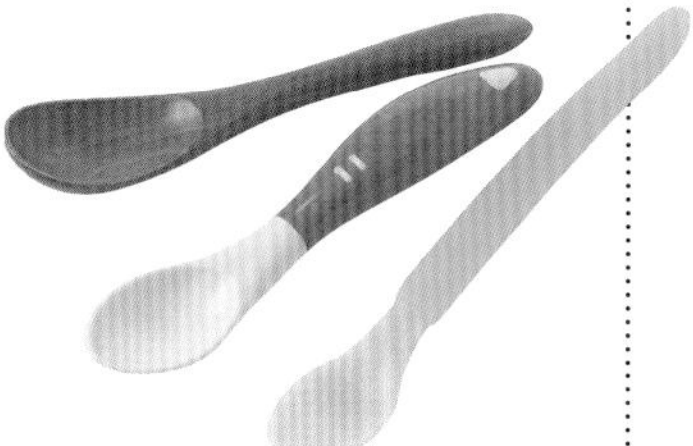

お皿・おわん

離乳食用の食器は、料理がすくいやすく、食べさせやすいものがベター。耐熱用の食器は電子レンジで温めたり、電子レンジや熱湯で消毒したりするときに便利です。

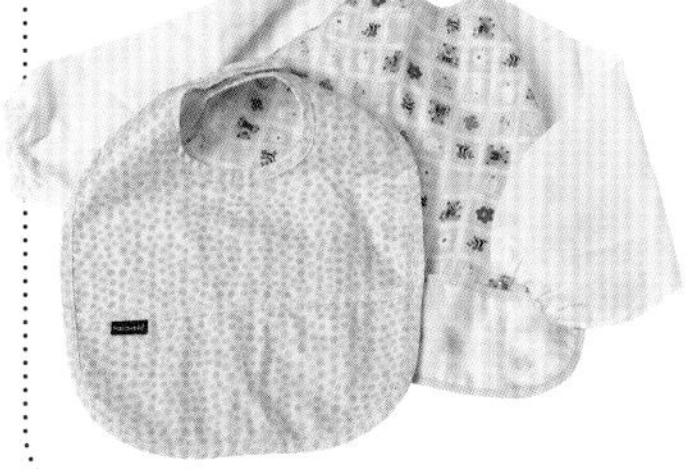

スタイ

スモックの形をしたスタイや、食べこぼしを受ける大きなポケットがついたプラスチック製のものなど、さまざまな種類のものがあります。

茶こし

用途が広い便利グッズ

少量の素材を水切りするときに便利です。ツナ缶の汁切りやしらす干しの塩抜きにも使え、だしをこすときにも活用できます。

すり鉢・すりこ木

ゴックン期に重宝

野菜やおかゆなどの素材を、食べやすくなめらかにするときに使います。手軽に使える小さめのサイズのものがおすすめです。

キッチンばさみ

包丁の代わりに活躍

野菜やめん類などを細かくカットするときに重宝します。肉は細かくするだけでなく、皮や余計な脂肪なども簡単に取り除けるので便利です。

調理を始める前に、まずはここから！

離乳食作りの基本調理テク

離乳食の基本の調理テクニックと、下ごしらえなどでよく使う調理器具の使い方のコツを紹介します。

赤ちゃんの成長に合わせ調理方法を工夫しましょう

離乳食は、赤ちゃんが食べやすいように、素材をつぶす、すりおろす、裏ごしするなど、ひと手間かける必要があります。たとえば、ゴックン期の離乳食は、消化吸収機能が未熟な赤ちゃんのためにできるだけ食材をなめらかにすることがポイント。野菜はやわらかくゆで、繊維を細かくしたり、繊維が残らないよう裏ごししたりすりつぶしたりしたあと、飲み込みやすくするために、だし汁などでのばしてなめらかに仕上げます。

このように、離乳食では、赤ちゃんの発達に合わせて、それぞれ大きさや固さを変えることが大切です。ここでは離乳食を作るときに必要な基本の調理テクニックを紹介します。

すりつぶす

ゴックン期やモグモグ期で、なめらかな形状の離乳食を作るときの調理法。

1

素材をゆでてやわらかくする

野菜や魚などをあらかじめやわらかくゆでます。

▼

2

素材が熱いうちにすり鉢ですりつぶす

素材をゆでたら、熱いうちにすり鉢に入れ、すりこ木ですりつぶします。水分が少ない素材は、だし汁などでのばします。

小さめのすり鉢は目づまりがしにくい

離乳食用の小さめのすり鉢は目づまりが少なく便利。ほうれん草など繊維の多い食材は、刻んでからすりつぶしましょう。

すりおろす

ゴックン期、モグモグ期に役立つテクニック。食材によってやり方を工夫して。

固い素材は ゆでてからすりおろす

にんじんなどの根菜は、ゆでてからすりおろすとなめらかになります。りんごなどそのまま食べられるものは食べる直前にすりおろして。

やわらかい素材は 凍らせるとすりおろしやすい

パンや肉、魚などのやわらかい素材は、冷凍し、使うときに凍ったまますりおろすと簡単です。

加熱する場合は 鍋に直接すりおろしてもOK

すりおろした素材をその後加熱する場合は、鍋の中に直接すりおろしてもOK。洗い物が少なくてすむので楽ちんです。

つぶす・ほぐす

モグモグ期の後半以降は、ほどよく食材の固さや形を残します。

1

素材をゆでて火を通す

野菜や魚などを熱湯でゆで、火を通します。かたまりのままゆでてOK。

▼

2

水気をきり 素材が熱いうちにつぶす

水気をきった素材をフォークやスプーンの背で器に押しつけるようにしてつぶします。白身魚をほぐすときにも同様に。

分量が多めなら マッシャーが便利

じゃがいもやかぼちゃなどを多めに作る場合は、マッシャーを使うと、一度にたくさんつぶすことができるので便利です。

裏ごしする

ほうれん草や玉ねぎなど繊維の多い野菜をなめらかにするテクニック。

1

素材をゆでる

野菜をゆでます。葉物野菜はやわらかい葉先だけを使います。

▼

2

裏ごし器で裏ごしする

ゆでた野菜を裏ごし器にのせ、スプーンの背などで網目に押しつけるようにして裏ごしします。不衛生にならないように、網目に残った固い部分や皮や種などは取り除き、丁寧に洗いましょう。

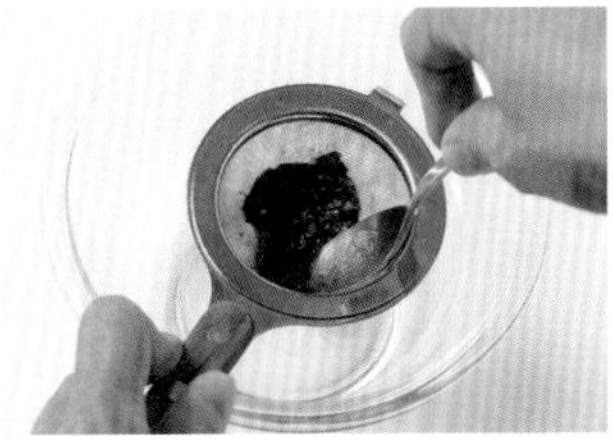

少量なら目の粗い茶こしでもOK

少量の野菜を裏ごしするときには目の粗い茶こしが便利です。裏ごししたあとは、だし汁やスープでのばすとさらに飲み込みやすくなります。

切る・刻む

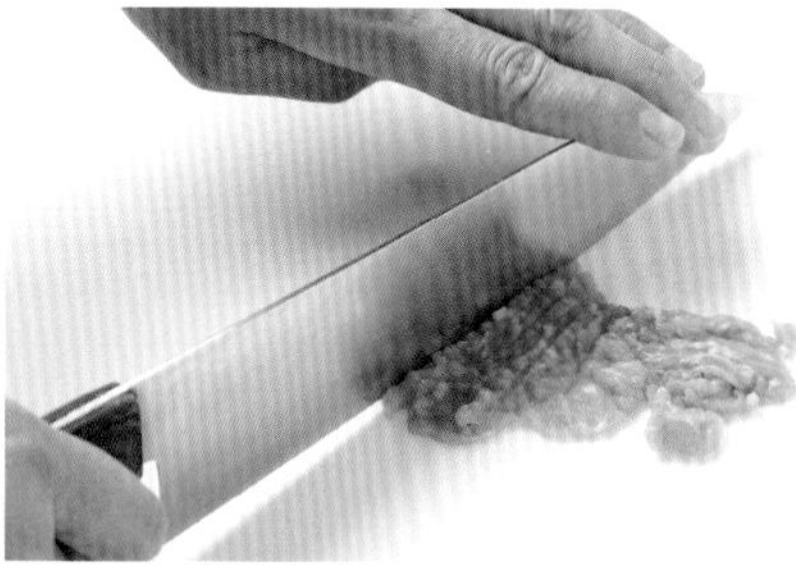

肉は繊維に直角に切るとやわらかくなる

肉は、筋や脂肪分を丁寧に取り除いてから切ります。繊維に直角に切るとやわらかくなり、火も通りやすくなります。

野菜は縦横に繊維を切るように刻む

野菜はゆでてから繊維を断ち切るように刻みます。細かくする場合は、繊維が残らないよう、まず縦に刻んでからさらに横に刻みます。

小口切り

小口切りは細長い野菜を、端から繊維に直角に薄く一定の幅で切る切り方。切る厚さは、素材や離乳食の時期によって変わります。

細切り

厚さ3㎜ほどに細く切る切り方。繊維に沿って切る方法と、繊維に直角に切る方法があり、直角に切って火を通すとやわらかい食感に。

粗みじん切り

みじん切りよりもやや大きめの4㎜角ほどに粗く刻む切り方。野菜は刻んでからゆでるより、ゆでてから刻むほうがやわらかく甘みもでます。

みじん切り

材料を細かく切り刻む切り方。最初に素材を細く切ってから、さらに端から細かく刻んでいきます。2㎜角ほどが目安。

とろみをつける

のどごしをよくして食べやすくするための必須のテクニック。食べにくい食材もぐっと食べやすくなります。

片栗粉1:水2の割合で混ぜておく

片栗粉を使う場合は、鍋に材料を煮立て、倍の量の水で溶いた片栗粉を入れます。一気に回し入れたら、手早くかきまぜてとろみをつけます。片栗粉はあつあつの状態でなければとろみがつきません。必ず材料が沸騰している状態のところに入れるのがポイント。

片栗粉で

おかゆで

とろとろの10倍がゆは適度に粘りがあり、どんな材料を加えてもよく合うので、とろみづけに最適です。

ヨーグルトで

なめらかなヨーグルトはとろみづけに大活躍。材料をそのまま混ぜるだけなので簡単・便利です。

じゃがいもで

でんぷん質が豊富なじゃがいもは、生のまますりおろし、材料に加えて加熱すればとろみづけに利用できます。

安心・安全な調理のために

赤ちゃんは菌に対する抵抗力が弱いので、離乳食作りでは衛生管理が大切です。さらに離乳食は水分が多く、塩分を控えて作られているため、菌が繁殖しやすくなります。

調理前には必ず石鹸で手を洗い、調理中も小まめに手を洗いましょう。食材に直接触れる調理器具や赤ちゃん用の食器は清潔を心がけ、調理後はきれいに洗い、消毒を。離乳食を保存する際には、熱いうちにふたを閉めるとふたの内側に水滴が付き、菌が増殖する原因に。必ず冷ましてからふたを閉めましょう。

調理器具は使用後熱湯消毒を

調理器具は使用後、食器用洗剤で洗い、煮沸をするか、熱湯をかけて消毒をしましょう。その後しっかり乾かし、清潔を保つよう心がけて。

おかゆの炊き方

離乳食の基本の主食、「おかゆ」のおいしい炊き方をマスターしましょう。

1 米を洗い、強火にかける

米を洗ったら、30分ほど水につけ、鍋に米と水を入れて強火にかけます。

10倍がゆ400g(ゴックン期10回分)
　＝米大さじ3＋水450ml

余った分はフリージング!
(→P.122)

7倍がゆ400g＝米大さじ3 1/3＋水350ml
5倍がゆ400g＝米大さじ4 2/3＋水350ml

2 沸騰したら火を弱める

沸騰したら、表面がグツグツ煮えない程度の弱火で40～50分煮ます。鍋の水分を飛ばしつつ、吹きこぼれを防ぐためにふたを鍋の面積の1/3～1/4ずらしておきます。

火加減はこれくらい

3 火を止めて蒸らす

炊き上がったら火を止め、ふたをして15～20分蒸らします。ゴックン期は炊き上がったおかゆをすりつぶすか、裏ごしをし、よりなめらかになるようにします。

できあがり!

裏ワザテク　炊飯器におまかせすれば失敗なしで楽ちん!

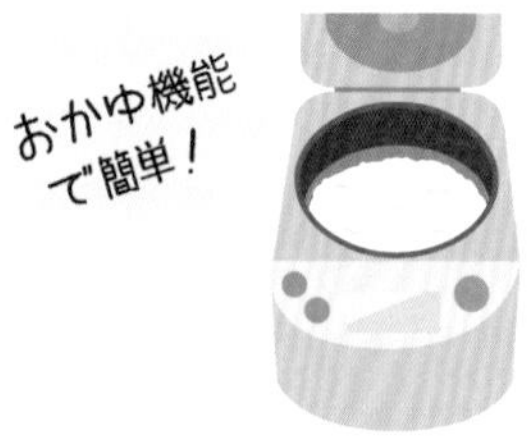

10倍がゆなら
米1/2カップに水5カップ

7倍がゆなら
米3/4カップに水5カップ

5倍がゆなら
米1カップに水5カップ

炊飯器におかゆ機能がある場合は、試してみましょう。芯までふっくら炊け、失敗もありません。食材の固さの参考にもなります。

米からおかゆを作るときの水加減早見表

おかゆは時期に合わせた固さに炊きます。水の割合は目安で、火加減などで変わってくるので調整してください。

大人ご飯	軟飯(1～1歳半頃)	5倍がゆ(9～11カ月頃)	7倍がゆ(7～8カ月頃)	10倍がゆ(5～6カ月頃)
米1：水1.2	米1：水3	米1：水5	米1：水7	米1：水10

だしのとり方

離乳食をのばしたり、汁物や煮物のベースとして使うだし。手作りのだしは、驚くほど簡単にできます。

かつおだし

1 湯をわかし、かつおぶしを入れる

鍋に水を入れ、強火にかけて沸騰させます。沸騰したら弱火にし、かつおぶしを入れます。

＜材料の目安量＞
かつおぶし15g：水500ml

2 弱火で1分煮立てる

1をそのままかき混ぜずに、ごく弱火で1分煮立てたままキープ。吹きこぼれないように注意しましょう。

3 火を止める

1分煮たら、火を止めて、かつおぶしが鍋の底に沈むまで待ちます。

4 かつおぶしをこして完成!

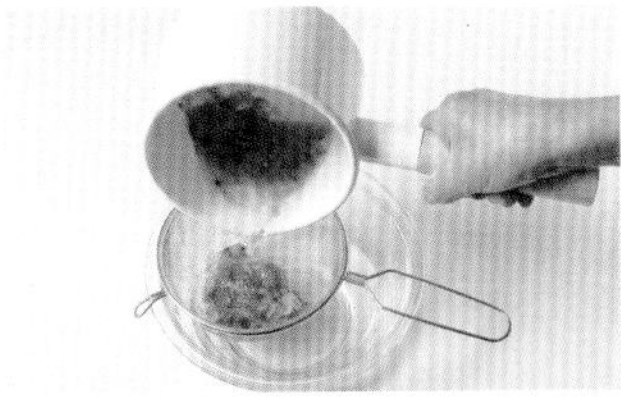

3を茶こしやざる、キッチンペーパーなどでこします。かつおぶしをすべてこして冷ましたら完成！冷蔵庫なら3日間は保存可能。

＼できあがり!／

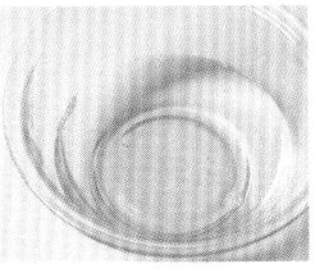

こんぶだし

裏ワザテク　夜、麦茶ポットに入れれば翌朝完成

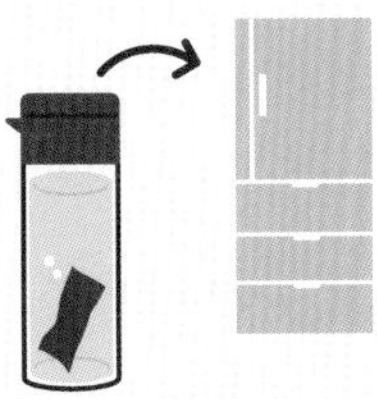

夜、麦茶ポットなどに水とこんぶを入れて冷蔵庫に入れれば、翌朝すぐに使えて便利。かつおだしに混ぜて使うとさらにおいしくなります。

こんぶを軽くふき、水につけるだけ!

濡れたキッチンペーパーでこんぶを軽くふき、水に半日以上つければ完成。こんぶを取り出して使用します。こんぶはうまみ成分が逃げてしまうので、水洗いしないこと。冷蔵庫なら3日間は保存可能。

＜材料の目安量＞
こんぶ10㎝角：水500ml

体の成長を支えるエネルギー源となる食品

主食

毎日の主食はお米を中心に　いも類はビタミンCも豊富

主食となる穀類やいも類は、体の成長に欠かせない食品です。

穀類は大きく「主穀」と「雑穀」に分けられます。主穀は日本人の主食の代表である「米」、そしてパンやうどん、スパゲッティなどの原材料となる「小麦」、味噌やしょうゆの原材料となる「大麦」があります。そして、この米、小麦、大麦以外の穀類が「雑穀」です。離乳食期には、主食は主穀の米を中心に献立を組み立てます。

じゃがいもやさつまいもなどのいも類は、でんぷん質を含み穀類同様にエネルギー源となります。また、いも類のビタミンCは調理をしても壊れにくいのが特徴。じゃがいもは繊維が少なく、さつまいもは加熱すると甘みが増すので離乳食に向いている素材といえるでしょう。

扱いに注意の必要な素材

塩分が気になるパンやうどんなどの小麦粉製品は、米がゆに慣れてから与えるようにします。中華めんや日本そばは消化が悪いので1歳以降に与えるようにしましょう。

扱いやすい素材

離乳食期は精白米を使ったおかゆを常食としましょう。胚芽米や玄米は消化が悪く離乳食には不向きです。じゃがいもは皮や芽を必ず取り除いて調理をします。

＼調理のエキスパート　淳子先生からのアドバイス／

基本の主食はおかゆor白飯

献立を考えるとき、主食は何にしようと悩んでしまう人も多いようです。しかし、主食は基本的にワンパターンでOK！　とくにお米は毎日食べさせたい優良食材です。赤ちゃんのときから食事は「ご飯とおかず」が基本だということを教えましょう。

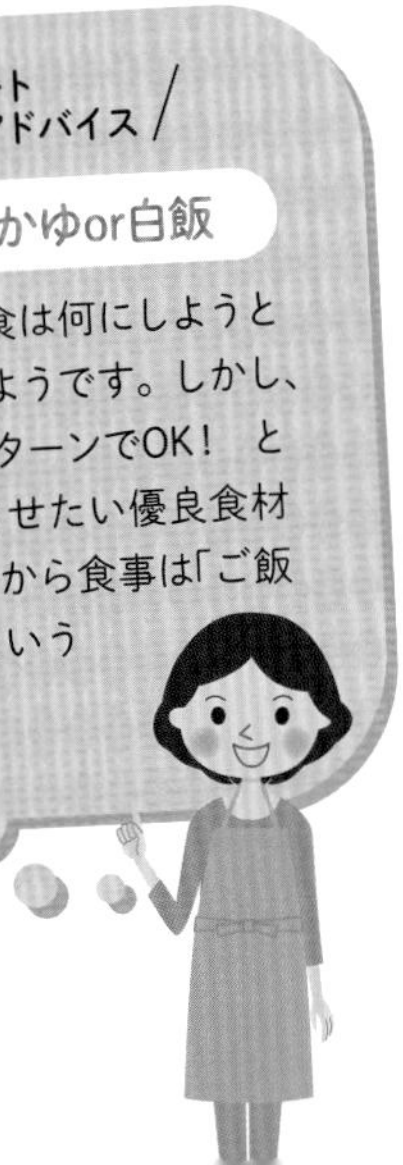

調理ワンポイント

おかゆは味付け不要　飽きたらおじやに！

離乳期の主食は米がゆが多くなります。基本的に味付けはいりませんが、飽きてきたらおかずを混ぜればOK。味わいが加わり風味付けになります。さらにおかゆはとろみづけになるのでおかずも食べやすくなり、一石二鳥です。

おかゆに飽きたら
↓
おかずを細かく刻んで混ぜ、おじや風に

主食

5~6カ月頃 ゴックン期

主な食材

米(おかゆ)　じゃがいも　さつまいも　食パン(6カ月~)　バナナ

バナナは炭水化物(糖質)を多く含むので、エネルギー源として扱っています。

まずは日本人が慣れ親しんでいる米(おかゆ)からスタート。食べやすいように、なめらかにすりつぶして。

エネルギー源　ビタミン・ミネラル源

にんじんがゆ

5カ月~

(材料)

にんじん……………10~15g
10倍がゆ(→P.42)……………大さじ2

にんじんは細かく切ってゆでると、やわらかくなりにくいので注意。

(作り方)

1. にんじんは皮をむいてやわらかくゆで、なめらかにすりつぶす。
2. 1に10倍がゆを入れ、さらにすりつぶす。

エネルギー源　ビタミン・ミネラル源

かぶがゆ

5カ月~

(材料)

かぶ……………10~15g
10倍がゆ(→P.42)……………大さじ2

かぶの皮は厚くむかないと筋が残ることがあります。注意して。

(作り方)

1. かぶは皮を厚めにむき、やわらかくゆでて、なめらかにすりつぶす。
2. 1に10倍がゆを入れ、さらにすりつぶす。

エネルギー源　ビタミン・ミネラル源

ブロッコリーがゆ

5カ月~

(材料)

ブロッコリー(穂先)……………10~15g
10倍がゆ(→P.42)……………大さじ2

ブロッコリーは穂先だけゆでるのは難しいので、房ごとゆでて。

(作り方)

1. ブロッコリーは房ごとやわらかくゆで、穂先のみをなめらかにすりつぶす。
2. 1に10倍がゆを入れ、さらにすりつぶす。

エネルギー源 ビタミン・ミネラル源 たんぱく質源

ほうれん草としらすのおかゆ

5カ月～

（材料）
- ほうれん草（葉）……10～15g
- しらす干し……5～10g
- 10倍がゆ（→P.42）……大さじ2

ほうれん草は繊維が残らないよう、しっかりすりつぶしましょう。

（作り方）
1. しらす干しは熱湯$\frac{1}{2}$カップにつけ、5分ほどおき、塩抜きする。ほうれん草の葉はやわらかくゆでる。
2. 1の水気をきったしらす干しとほうれん草の葉を裏ごしするか、なめらかにすりつぶす。
3. 2に10倍がゆを入れてさらにすりつぶす。

エネルギー源 ビタミン・ミネラル源 たんぱく質源

トマト豆乳がゆ

5カ月～

（材料）
- トマト……10～15g
- 豆乳（無調整）……10～25ml
- 10倍がゆ（→P.42）……大さじ2

トマトはへたの反対側に十字の切れ目を入れて熱湯につけ、皮がはじけたら冷水に浸せば簡単に皮がむけます。

（作り方）
1. トマトは皮と種を取り除き、なめらかにすりつぶす。
2. 1に10倍がゆを入れ、さらにすりつぶす。
3. 2に豆乳を加えて混ぜ合わせ、ラップをして電子レンジで20秒ほど加熱する。

エネルギー源 ビタミン・ミネラル源

バナナほうれん草

5カ月～

（材料）
- バナナ……20～30g
- ほうれん草（葉）……10～15g

バナナの甘さがほうれん草の食べにくさをカバーしてくれます。

（作り方）
1. ほうれん草の葉はやわらかくゆで、裏ごしするか、なめらかにすりつぶす。
2. 1にバナナを加え、さらにすりつぶす。

エネルギー源　ビタミン・ミネラル源

さつまいもとりんごのピューレ

5カ月〜

(材料)

さつまいも……10〜30g
りんご……5〜10g

ゆでるとやわらかくなります。低アレルゲン化も期待できます(P.156)。

(作り方)

1. さつまいもとりんごは皮をむき、やわらかくゆでる(ゆで汁はとっておく)。
2. 1をなめらかにすりつぶし、ゆで汁を加減を見ながら加え、のばす。

エネルギー源　たんぱく質源

たいとじゃがいものとろとろ

5カ月〜

(材料)

真だい……5〜10g
じゃがいも……20〜40g

最初に与える白身魚は、脂質が少ない「真だい」がおすすめ。ほかに、ひらめやかれいを使ってもOKです。

(作り方)

1. じゃがいもは皮をむき、やわらかくゆでる。途中、白身魚も加え、さっとゆでる(ゆで汁はとっておく)。
2. 1のじゃがいも、白身魚をなめらかにすりつぶし、ゆで汁を加減を見ながら加え、のばす。

エネルギー源　たんぱく質源

ポテトきな粉

5カ月〜

(材料)

じゃがいも……20〜40g
きな粉
……ひとつまみ〜小さじ1

きな粉は粉気がなくなるまで十分に混ぜましょう。

(作り方)

1. じゃがいもは皮をむき、やわらかくゆでて(ゆで汁はとっておく)、すりつぶす。
2. 1にきな粉を混ぜて、固いようなら、ゆで汁を加減を見ながら加え、のばす。

主食 7~8カ月頃

モグモグ期

主な食材　ゴックン期 P.45 ＋

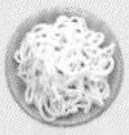
うどん

そうめん

オートミール

はるさめ

離乳食に慣れてきたら、徐々にレパートリーを増やしていきましょう。舌ざわりや味など幅を広げていって。

エネルギー源　ビタミン・ミネラル源　たんぱく質源

かぼちゃと麸のおかゆ

7カ月〜

(材料)

かぼちゃ……15g
麸……2個(2g)
5倍がゆ(→P.42)……大さじ3強(50g)

かぼちゃはでんぷん質が多いので、電子レンジ加熱でも十分やわらかくなります。

(作り方)

1. かぼちゃは皮と種を取り除き、やわらかくゆでて、すりつぶす。
2. 鍋に1と5倍がゆ、細かくくずした麸、水大さじ1を入れ、麸がやわらかくなるまで2分ほど煮る。

エネルギー源　ビタミン・ミネラル源　たんぱく質源

小松菜とひきわり納豆のおかゆ

7カ月〜

(材料)

小松菜(葉)……15g
ひきわり納豆……12g
5倍がゆ(→P.42)……大さじ3強(50g)

赤ちゃんの消化吸収能力は未熟なので、消化しやすいよう、納豆は加熱して与えましょう。

(作り方)

1. 小松菜の葉はやわらかくゆで、細かく刻む。
2. ひきわり納豆と5倍がゆを混ぜ、さっと煮る。器に盛り、1をのせ、混ぜながら食べさせる。

エネルギー源　ビタミン・ミネラル源　たんぱく質源

にんじんと麸のだしがゆ

7カ月〜

(材料)

にんじん……15g
だし汁……大さじ1
麸……2個(2g)
5倍がゆ(→P.42)……大さじ3強(50g)

麸は小麦粉アレルギーがある場合には控えましょう。

(作り方)

1. にんじんは皮をむいてやわらかくゆで、すりつぶす。
2. 鍋に1と5倍がゆ、細かくくずした麸、だし汁を入れ、麸がやわらかくなるまで2分ほど煮る。

エネルギー源　ビタミン・ミネラル源　たんぱく質源

白菜とささ身のおかゆ

8カ月〜

（材料）

白菜（葉）……20g
鶏ささ身……15g
5倍がゆ（→P.42）
……大さじ5強（80g）

白菜の葉は甘くてやわらかく、クセもないので、離乳食にぴったり。

（作り方）

1. 白菜の葉はやわらかくゆでる。途中、鶏ささ身も加えて火を通し、湯を切る。
2. 1を細かく刻み、5倍がゆに混ぜ合わせる。

エネルギー源　ビタミン・ミネラル源　たんぱく質源

いちご豆乳パンがゆ

7カ月〜

（材料）

いちご……5g
食パン……15g
豆乳（無調整）……大さじ2

パンはすぐにやわらかくなるので、時間がないときに便利です。

（作り方）

1. 食パンは耳を切り落として小さくちぎり、水大さじ$1\frac{1}{2}$を加えて、ふやかす。
2. 1の水分を軽くしぼり、豆乳を加えて細かくすりつぶす。
3. 耐熱容器に2を入れてラップをかけ、電子レンジで15秒ほど加熱し、粗熱を取って、器に盛る。
4. いちごを裏ごしし、3にかける。混ぜながら食べさせる。

エネルギー源　たんぱく質源

卵パンがゆ

7カ月〜

（材料）

固ゆで卵の黄身
……小さじ1〜1個分
食パン……15g

卵は固ゆで卵黄から与え始めます。離乳食の進み具合によって、分量を調整しましょう。

（作り方）

1. 食パンは耳を切り落として小さくちぎり、水大さじ$3\frac{1}{2}$を加えて、ふやかす。
2. 1をすりつぶし、耐熱容器に入れてラップをかけ、電子レンジで20秒ほど加熱する。
3. 2にゆで卵の黄身を加え、なめらかになるまで混ぜ合わせる。

エネルギー源　たんぱく質源

ヨーグルトポテト

7カ月～

（材料）
プレーンヨーグルト……50g
じゃがいも……45g

じゃがいものモサモサした口あたりを、ヨーグルトのなめらかさでカバー。

（作り方）
1. じゃがいもは皮をむき、やわらかくゆでて、すりつぶす。
2. 1にプレーンヨーグルトを加え、混ぜ合わせる。

エネルギー源　ビタミン・ミネラル源　たんぱく質源

ささ身ブロッコリーじゃがいもの煮物

8カ月～

（材料）
鶏ささ身……15g
ブロッコリー（穂先）……20g
じゃがいも……75g

（作り方）
1. じゃがいもは皮をむき、やわらかくゆでる。途中、ブロッコリーと鶏ささ身を加えて、火を通す。ブロッコリーは、穂先のみを切り取る（ゆで汁はとっておく）。
2. 鶏ささ身を細かく刻む。
3. じゃがいもをすりつぶし、ブロッコリーと2を混ぜ合わせる。なめらかになるようにゆで汁で固さを調節する。

エネルギー源　たんぱく質源

さつまいもと高野豆腐のうま煮

8カ月～

（材料）
さつまいも……75g
高野豆腐（すりおろし）……小さじ1

乾燥状態ならすりおろすこともできる高野豆腐は便利な食材です。

（作り方）
1. さつまいもは皮をむき、かぶる程度の水とともに鍋に入れ、やわらかくゆでる（ゆで汁はとっておく）。ゆで上がったら、フォークなどでつぶす。
2. 鍋をきれいにして1を入れ、高野豆腐とゆで汁大さじ3～4を加えて弱めの中火にかけ、1分ほど煮る。

主食

●モグモグ期（7～8カ月頃）

エネルギー源　ビタミン・ミネラル源

オートミールのフルーツがゆ

7カ月～

（材料）

オートミール……10g
オレンジ果汁……大さじ1

食物繊維が豊富なオートミールは、短時間でやわらかくなるので使い勝手◎です。

（作り方）

1. 耐熱容器にオートミールと湯大さじ4を入れて2分ほどおく。ラップをかけ、電子レンジで1分ほど加熱する。
2. 1を手早く混ぜ、オレンジ果汁を混ぜてなめらかにする。

エネルギー源　たんぱく質源

バナナきな粉

7カ月～

（材料）

バナナ……40g
きな粉……小さじ1

きな粉は粉が残っていると飲みこみにくいので、しっかり混ぜて。

（作り方）

1. バナナを細かくすりつぶす。
2. 1にきな粉を加えて、しっかり混ぜ合わせる。

エネルギー源　ビタミン・ミネラル源　たんぱく質源

かぼちゃたいうどん

8カ月～

（材料）

かぼちゃ……20g
たい……15g
ゆでうどん……55g

うどんは乾めん20gでもOK。その場合は、長いままゆでてから刻みましょう。

（作り方）

1. うどんは4～5㎜長さに刻んでおく。
2. かぼちゃは皮と種を取り除き、鍋にかぼちゃと水⅔カップを入れ、弱火にかける。
3. 2に1を加え、さらに3分ほど煮る。
4. 3にたいを加えて火を通し、フォークでたいとかぼちゃをくずす。

主食

9~11カ月頃 カミカミ期

主な食材 ゴックン期 P.45 ＋ モグモグ期 P.48 ＋

スパゲッティ

マカロニ

ホットケーキ

手づかみ食べが始まる時期。つかむことを覚えられるよう形や固さを調整して、楽しめる工夫をしましょう。

エネルギー源　たんぱく質源

コーンチーズリゾット

9カ月～

（材料）

クリームコーン缶……大さじ1

5倍がゆ（→P.42）……大さじ6

ピザ用チーズ……12g

コーンとチーズのまろやかな味が食べやすいごはんです。

（作り方）

1. クリームコーンは裏ごしする。
2. 耐熱容器に5倍がゆと1、ピザ用チーズを入れて混ぜ、ラップをかける。電子レンジで1分ほど加熱し、なめらかになるまで混ぜる。

エネルギー源　ビタミン・ミネラル源　たんぱく質源

鶏と青菜の中華がゆ

9カ月～

（材料）

鶏むね肉……15g

青菜（チンゲン菜、小松菜など）……20g

5倍がゆ（→P.42）……大さじ6

ごま油……少々

ごま油の香りが食欲をそそります。

（作り方）

1. 青菜をやわらかくゆでて、細かく刻む。鶏むね肉は皮と脂を取り除き、5㎜角ほどに刻む。
2. 鍋に水大さじ3と1を入れ、中火にかける。
3. 鶏むね肉に火が通ったら5倍がゆを加えて混ぜ、ごま油を入れる。

エネルギー源　ビタミン・ミネラル源　たんぱく質源

にんじん入りお焼き

10カ月～

（材料）

軟飯（→P.42）……80g

にんじん……25g

小麦粉……大さじ1

溶き卵……½個分

植物油……少々

手づかみ食べにピッタリです。

（作り方）

1. にんじんは皮をむいてやわらかくゆで、粗くつぶす。
2. 1に軟飯、小麦粉、溶き卵を加え、混ぜ合わせる。
3. フライパンに植物油を中火で熱し、2をスプーンで1.5～2㎝の大きさに落とし入れ、両面こんがりと火が通るまで焼く。

エネルギー源　たんぱく質源

じゃがいもと牛ひき肉のうま煮

9カ月～

（材料）

じゃがいも……65～85g
牛ひき肉……15g

鍋ひとつあれば作れる簡単料理です。

（作り方）

1. じゃがいもは皮をむいて鍋に入れ、かぶる程度の水を加え、やわらかくなるまでゆでる。
2. 1に牛ひき肉を加え、全体を混ぜて中火にかける。沸いてきたらアクを丁寧に取り、牛ひき肉に火が通ったらじゃがいもを粗くつぶす。

エネルギー源　ビタミン・ミネラル源　たんぱく質源

卵と長ねぎのどんぶり

11カ月～

（材料）

溶き卵……½個分
長ねぎ……30g
だし汁……大さじ3強（50ml）
軟飯（→P.42）……80g

卵はしっかり火を通しましょう。

（作り方）

1. 長ねぎは粗みじんに刻む。
2. 鍋に1、だし汁、水大さじ3を入れ火にかける。沸いたら弱火にし、長ねぎがやわらかくなるまで5分ほど煮る。
3. 溶き卵を2に加え、全体を混ぜて卵に火を通す。
4. 器に軟飯を盛り、3をかける。

エネルギー源　ビタミン・ミネラル源　たんぱく質源

にんじん蒸しパン

10カ月～

（材料）

にんじん……30g
ホットケーキミックス……大さじ4
溶き卵……½個分

蒸し器の代わりに、ふんわりラップをかけ、電子レンジで1分30秒ほど加熱してもOK。

（作り方）

1. にんじんは皮をむいてすりおろす。
2. ボウルにホットケーキミックス、溶き卵、1、水大さじ1½を入れ、混ぜ合わせる。
3. 耐熱容器に入れ、蒸気の上がった蒸し器で10分ほど蒸す。

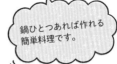

エネルギー源 たんぱく質源

バナナパンケーキ

10カ月~

（材料）

バナナ……40g
ホットケーキミックス……大さじ2
牛乳……大さじ1
植物油……少々

中心部に竹串を刺し、生地がはりついてこなければ焼き上がり。

（作り方）

1. バナナをフォークで粗くつぶす。
2. ボウルにホットケーキミックス、牛乳、1を入れて混ぜ合わせる。
3. フライパンに植物油を中火で熱し、2を流し入れる。両面こんがりと火が通るまで焼き、食べやすい大きさに切る。

エネルギー源 ビタミン・ミネラル源 たんぱく質源

かぼちゃきな粉オートミール

9カ月~

（材料）

かぼちゃ……20g
きな粉……小さじ1
オートミール……18~19g

作り方2は電子レンジ加熱でもOK。吹きこぼれやすいので大きめのボウル状の耐熱容器を使い、2分ほど加熱。加熱後、小皿などでふたをしたまま少し蒸らしましょう。

（作り方）

1. かぼちゃは皮と種を取り除き、ラップで包んで、電子レンジで50秒ほど加熱する。粗熱が取れたら、ラップの上からもんでつぶす。
2. 鍋に水150mlを入れて1ときな粉、オートミールを加え、弱めの中火で混ぜながら加熱し、沸いてきた後さらに1分ほど加熱する。

エネルギー源 ビタミン・ミネラル源 たんぱく質源

トマトとツナのスパゲッティ

10カ月~

（材料）

トマト……25g
ツナ缶（無塩水煮）……15g
スパゲッティ……25g
オリーブ油……少々

油を使う離乳食なので、ツナ缶は無塩水煮がベターです。

（作り方）

1. スパゲッティを1.5~2cm長さに折り、やわらかくゆでる。
2. トマトは皮と種を取り除き、細かく刻む。ツナは汁気をしっかり切っておく。
3. フライパンにオリーブ油を中火で熱し、2を炒めた後、1を加えてさっと炒める。

エネルギー源　ビタミン・ミネラル源　たんぱく質源

オレンジフレンチトースト

11カ月～

（材料）

食パン……35g
溶き卵……⅓個分
オレンジ果汁……大さじ2
バター……少々

バターはできれば無塩を使いましょう。離乳食に有塩は控えめにして。

（作り方）

1. バットにオレンジ果汁、水大さじ1を入れ、混ぜ合わせる。
2. 食パンの耳を切り落として1に浸し、5分ほどおく。
3. フライパンにバターを入れ、中火にかける。バターが溶けて泡立ってきたら、2に溶き卵をからめ、両面を焼き色がつくまで4分ほど焼き、食べやすい大きさに切る。

エネルギー源　ビタミン・ミネラル源　たんぱく質源

きのこ入り豆乳うどん

9カ月～

（材料）

きのこ（しいたけ、しめじなど）……20g
豆乳（無調整）……大さじ2
だし汁……大さじ5強（80ml）
ゆでうどん……60g

きのこ類は香りもよく、だしも出るので食欲をそそります。

（作り方）

1. きのこは粗みじんに刻む。うどんは1～1.5cm長さに刻む。
2. 鍋にだし汁と水大さじ3を入れて中火にかけ、沸いたら1を入れて弱火で5分ほど煮る。
3. 2に豆乳を加え、さっと煮る。

エネルギー源　ビタミン・ミネラル源

おかかと青菜の焼うどん

11カ月～

（材料）

青菜（小松菜、ほうれん草など）……30g
かつおぶし……2g
ゆでうどん……90g
植物油……少々

かつおぶしそのものが食べられるのはモグモグ期から。だしとしてなら、ゴックン期から使えます。

（作り方）

1. 青菜はさっとゆで、小口から刻む。うどんは1.5～2cm長さに刻む。
2. フライパンに植物油を中火で熱し、1を炒める。
3. 仕上げにかつおぶしを混ぜ込む。

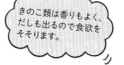

主食 1~1歳半頃

パクパク期

主な食材 ゴックン期 P.45 ＋ モグモグ期 P.48 ＋ カミカミ期 P.52 ＋

軟飯

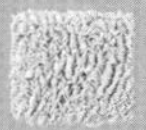
中華めん（ノンフライ）

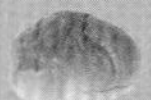
ロールパン

献立のメインとなる主食は、苦手な食材を混ぜるると食べやすくなります。

エネルギー源　ビタミン・ミネラル源　たんぱく質源

豆腐と野菜のうま煮どんぶり　1歳～

〈材料〉

木綿豆腐……50g
いんげん、にんじん……合わせて30g
だし汁……大さじ4
軟飯（→P.42）……90g

野菜は大きいままゆで、やわらかくしてから分量分を切り分けてもOK。

〈作り方〉

1. にんじんは皮をむき、いんげんとともに細かく刻む。
2. 鍋にだし汁、1、水大さじ2を入れ、弱火にかけて野菜がやわらかくなるまで煮る。
3. 2に木綿豆腐を加え、フォークでつぶして1分ほど煮る。
4. 器に軟飯を盛り、3をかける。

エネルギー源　ビタミン・ミネラル源　たんぱく質源

牛丼　1歳～

〈材料〉

牛赤身肉……15g
玉ねぎ……30g
だし汁……大さじ4
軟飯（→P.42）……90g

牛肉のうまみと玉ねぎの甘さでご飯がすすむひと品です。

〈作り方〉

1. 牛赤身肉は細く切る。玉ねぎは短めの薄切りにする。
2. 鍋にだし汁、1の玉ねぎ、水大さじ2を入れて弱火にかけ、玉ねぎがやわらかくなるまで煮る。
3. 2に1の牛肉を加え、沸いてきたらアクを丁寧に取り、牛肉に火を通す。
4. 器に軟飯を盛り、3をかける。

エネルギー源　ビタミン・ミネラル源　たんぱく質源

納豆とにらのチャーハン　1歳3カ月～

〈材料〉

納豆……20g
にら……30g
ご飯……80g
ごま油……少々

炒めることで納豆の臭みが消え、食べやすくなります。

〈作り方〉

1. にらは細かく刻む。
2. フライパンにごま油を中火で熱し、にらをさっと炒める。
3. 2に納豆とご飯を加え、1分ほど炒める。

郵便はがき

おそれいりますが
切手をお貼り
下さい

104-8011

東京都中央区築地
5－3－2

株式会社
朝日新聞出版
生活・文化編集部 行

ご住所 〒 電話 （ ）		
ふりがな お名前		
Eメールアドレス		
ご職業	年齢 歳	性別

このたびは本書をご購読いただきありがとうございます。
今後の企画の参考にさせていただきますので、ご記入のうえ、ご返送下さい。
お送りいただいた方の中から抽選で毎月10名様に図書カードを差し上げます
当選の発表は、発送をもってかえさせていただきます。

愛読者カード

本のタイトル

お買い求めになった動機は何ですか？（複数回答可）

1．タイトルにひかれて　2．デザインが気に入ったから
3．内容が良さそうだから　4．人にすすめられて
5．新聞・雑誌の広告で（掲載紙誌名　）
6．その他（　）

表紙　1．良い　2．ふつう　3．良くない
定価　1．安い　2．ふつう　3．高い

最近関心を持っていること、お読みになりたい本は？

本書に対するご意見・ご感想をお聞かせください

ご感想を広告等、書籍のPRに使わせていただいてもよろしいですか？

1．実名で可　2．匿名で可　3．不可

ご協力ありがとうございました。
尚、ご提供いただきました情報は、個人情報を含まない統計的な資料の作成等に使用します。その他の利用について詳しくは、当社ホームページ
https://publications.asahi.com/company/privacy/をご覧下さい。

主食

●パクパク期（1～1歳半頃）

エネルギー源　ビタミン・ミネラル源　たんぱく質源

さけピラフ

1歳3カ月～

（材料）

さけ……20g
玉ねぎ……30g
しいたけ……10g
ご飯……80g
バター……少々

（作り方）

1. さけは皮と骨を取り除き、細かく刻む。玉ねぎ、しいたけはみじん切りにする。
2. 耐熱容器に1とバターを入れ、ラップをして電子レンジで1分ほど加熱する。
3. ご飯に2を混ぜ合わせる。

エネルギー源　ビタミン・ミネラル源　たんぱく質源

トマトパンプティング

1歳～

（材料）

トマトジュース（無塩）……½カップ（100ml）
食パン……50g
溶き卵……⅔

トマトジュースは無塩のものがベターです。

（作り方）

1. 食パンは耳を切り落とし、ちぎって耐熱容器に入れる。
2. ボウルに溶き卵と、トマトジュースを加えて混ぜる。
3. 1に2をまんべんなくかけ、5分ほどおき、オーブントースターで卵に火が通るまで7分ほど焼く。

エネルギー源　ビタミン・ミネラル源　たんぱく質源

食パンの水きりヨーグルト アップルキャロットディップ

1歳3カ月～

（材料）

食パン……50g
りんご……10g
にんじん……40g
プレーンヨーグルト……50g
砂糖……3g

この時期は、もう食パンの耳がついていても歯ぐきでつぶして食べられます。パンの耳は白い部分よりも消化吸収がよいです。

（作り方）

1. りんごとにんじんは皮をむき、やわらかくゆでて、粗くつぶす。
2. 器に茶こしを重ねてプレーンヨーグルトを入れ、冷蔵庫で15分ほどおき、水気をきる。
3. 1と2、砂糖を合わせ、なめらかになるまで混ぜる。
4. 食パンは軽くトーストし、食べやすい大きさにちぎって添える。

エネルギー源　ビタミン・ミネラル源　たんぱく質源

きのこのたまごとじうどん　1歳〜

（材料）
きのこ（しいたけ、しめじなど）……30g
溶き卵……½個分
だし汁……½カップ（100ml）
ゆでうどん……100g

（作り方）
1. きのこは粗みじんにして刻む。うどんは2㎝長さに切る。
2. 鍋に1とだし汁、水¼カップを入れ、うどんがやわらかくなるまで弱火で5分ほど煮る。
3. 2に溶き卵を加え、卵に火が通るまで煮る。

きのこの食感を楽しめる時期になりました。卵のうまみとマッチして赤ちゃん好みの離乳食です。

エネルギー源　ビタミン・ミネラル源　たんぱく質源

白菜と豚肉のあんかけ焼うどん　1歳〜

（材料）
白菜……30g
豚赤身肉……15g
ごま油……少々
水溶き片栗粉（片栗粉：水＝1：2）……適量
ゆでうどん……100g

（作り方）
1. 白菜、豚赤身肉は細く切る。うどんは2㎝長さに切る。
2. フライパンにごま油を中火で熱し、うどんをさっと炒めて水大さじ1を加え、水分がとぶまで炒めて器に盛る。
3. フライパンをさっとふき、再度火にかけ、少量のごま油を熱して白菜と豚赤身肉を炒める。
4. 3に水½カップを入れ、白菜がやわらかくなるまで煮る。仕上げに水溶き片栗粉でとろみをつけ、2にかける。

エネルギー源　たんぱく質源

コーンパンケーキ　1歳〜

（材料）
クリームコーン缶……大さじ2
ホットケーキミックス……大さじ4
溶き卵……⅓個分
植物油……少々

（作り方）
1. クリームコーンは裏ごしする。
2. ボウルに1とホットケーキミックス、溶き卵、水大さじ1を入れ、混ぜ合わせる。
3. フライパンに植物油を中火で熱し、2を流し入れ、両面こんがり焼き、食べやすい大きさに切る。

中心部に竹串を刺し、生地がはりついてこなければ焼き上がり。

エネルギー源　ビタミン・ミネラル源

じゃがいもとにんじんのチヂミ

1歳〜

（材料）

じゃがいも……140g
にんじん……30g
ごま油……少々

ごま油を多く使いすぎないように、計量スプーンなどに取って、調整しましょう。

（作り方）

1. にんじんは皮をむいてやわらかくゆで、粗くつぶす。
2. じゃがいもは皮をむいてすりおろし、軽く水分を切って1と混ぜる。
3. フライパンにごま油を中火で熱し、2を流し入れ、両面こんがり焼き、食べやすい大きさに切る。

エネルギー源　ビタミン・ミネラル源　たんぱく質源

ツナと玉ねぎのそうめんチャンプル

1歳〜

（材料）

ツナ缶……15g
玉ねぎ……30g
そうめん……30g
ごま油……少々

1〜2分あればゆで上がるそうめんは重宝する時短食材。ただし、塩気が意外に多いので注意。ツナ缶は無塩水煮がベター。

（作り方）

1. そうめんはやわらかくゆで、2cm長さに切る。
2. 玉ねぎは短めの薄切りにする。
3. フライパンにごま油を中火で熱し、玉ねぎを入れ、やわらかくなるまで炒める。
4. 3にツナとそうめんを加えてさっと炒める。

エネルギー源　ビタミン・ミネラル源　たんぱく質源

ミートソースパスタ

1歳3カ月〜

（材料）

スパゲッティ……35g
玉ねぎ……30g
合いびき肉……15g
トマトジュース（無塩）……⅓カップ（70ml）
オリーブ油……少々

トマトに含まれるリコピンは、風邪予防などの効果があります。生よりも、トマトジュースのような加工品のほうが効率よくたくさん摂取できます。

（作り方）

1. 玉ねぎはみじん切りにする。スパゲッティは2cm長さに折る。
2. フライパンにオリーブ油を中火で熱し、合いびき肉と1の玉ねぎを2分ほど炒める。
3. 2にトマトジュースを加え、2分ほど煮る。
4. スパゲッティをやわらかくゆで、器に盛って、3をかける。

種類が多く、調理法もバリエーション豊富

野菜・きのこ

食物繊維の多い野菜は調理法を工夫し食べやすく

体の調子を整え、抵抗力をアップするビタミン・ミネラル源の豊富な野菜やきのこは、副菜として日頃からたくさんとりたい食品です。

野菜は大きく分けて「緑黄色野菜」と「淡色野菜」に分けられます。離乳食期もβカロテン、ビタミン、ミネラルを多く含んでいる「緑黄色野菜」を多くとるようにしましょう。

野菜やきのこは食物繊維が多いので、食べやすく調理するのがポイント。赤ちゃんが飲み込みやすく、また消化しやすいよう、やわらかくゆで、すりつぶすなど各期に合わせた下処理が必要です。赤ちゃんの好き嫌いは、食べにくさによるものがほとんど。いろいろな調理法を試しながら上手に与えましょう。

緑黄色野菜

かぼちゃ　にんじん　ほうれん草

ピーマン　小松菜　トマト

ブロッコリー　さやいんげん

緑黄色野菜はカロテンを豊富に含み鉄やカルシウムも多いので積極的にとりたい素材。カロテンは脂肪(魚、肉、乳製品、油)と共に摂取すると、吸収がよくなります。

淡色野菜

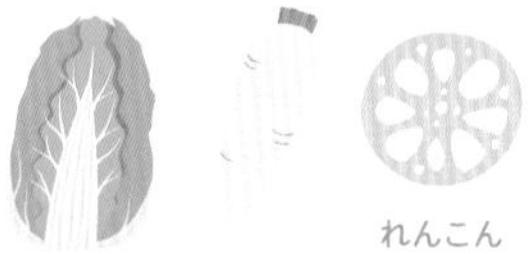

れんこん

白菜　大根

きゅうり

キャベツ　なす　かぶ

淡色野菜の中でも、キャベツやカリフラワーなどはビタミンCを多く含んでいる素材です。かぶや白菜などはアクが少ないので調理しやすい野菜といえるでしょう。

memo

緑黄色野菜とはカロテンを多く含む野菜(100gあたりカロテン含有量600μg以上)のこと。カロテンは、植物が身を守るために持っている色素成分で、抗酸化作用があります。緑黄色野菜のカロテンは人体内でも強い抗酸化作用を発揮し、細胞組織を活性酸素(老化や生活習慣病、がんなどの原因)から守ってくれるので、たっぷりとりたい成分です。

調理のエキスパート 淳子先生からのアドバイス

野菜を食べてくれない場合には？

離乳食期は無理に好き嫌いをなくそうとせず、楽しく食べることを優先しましょう。野菜をペーストにしておかゆなど好きな食材に混ぜるのもおすすめ。好き嫌いは変化するので、月齢が進むと自然に食べてくれることもありますよ。

調理ワンポイント

離乳食期ならではの野菜の調理法

ほうれん草などの葉菜類は茎と葉を分け、モグモグ期までは葉の部分だけ使うとよいでしょう。葉菜類以外の野菜はかたまりのまま加熱するほうが栄養の損失が少なく甘みも出るので、かたまりのまま加熱して切る＆つぶすのがおすすめ。

ゴックン期、
モグモグ期は

5〜6カ月頃

ゴックン期

主な食材

にんじん かぼちゃ かぶ トマト 白菜 ほうれん草 パプリカ キャベツ 大根 玉ねぎ ブロッコリー 小松菜

にんじんやかぼちゃなどクセの少ないものからトライ。どんな味が好みか探ってみましょう。

ビタミン・ミネラル源

かぶのだし煮

5カ月〜

(材料)

かぶ……5〜10g
だし汁……大さじ1

みずみずしく、甘みのあるかぶは離乳食向きの食材です。

(作り方)

1. かぶは厚めに皮をむき、粗く刻む。
2. 鍋に1とだし汁、水大さじ3を入れて弱火にかけ、かぶがやわらかくなるまで煮る。
3. 煮汁ごとなめらかにすりつぶす。

ビタミン・ミネラル源　たんぱく質源

高野豆腐とかぼちゃピューレ

5カ月〜

(材料)

高野豆腐(すりおろし)……小さじ⅓〜½
かぼちゃ……5〜10g

高野豆腐の粉っぽさが残らないよう、しっかり混ぜましょう。

(作り方)

1. かぼちゃは種を取り除き、やわらかくゆでて、皮を取り、なめらかにすりつぶす。
2. 耐熱容器に1と高野豆腐、水大さじ½を加えてよく混ぜ合わせ、ラップをかけて電子レンジで30秒ほど加熱する。

ビタミン・ミネラル源　たんぱく質源

ブロッコリーときな粉のとろとろ

5カ月〜

(材料)

ブロッコリー(穂先)……5〜10g
きな粉……小さじ½

ブロッコリーは鮮度が落ちやすいので、新鮮なものを使いましょう。

(作り方)

1. ブロッコリーは房ごとやわらかくゆでて(ゆで汁はとっておく)、穂先のみを切り取り、なめらかにすりつぶす。
2. 1にきな粉を加え、ゆで汁でなめらかにのばす。

ビタミン・ミネラル源

トマトのくず湯

5カ月～

（材料）

トマト……5～10g
水溶き片栗粉
（片栗粉：水＝1：2）……少々

とろみが足りない場合は、再度電子レンジで10秒ほど加熱しましょう。

（作り方）

1. トマトは皮と種を取り除き、裏ごしする。
2. 耐熱容器に1と水大さじ1 ½を加え、電子レンジで20秒ほど加熱する。手早く水溶き片栗粉を加えて、とろみが出るまで混ぜ合わせる。

ビタミン・ミネラル源　たんぱく質源

白菜と豆腐のうま煮

5カ月～

（材料）

白菜（白い芯の部分）……5～10g
絹ごし豆腐……5～25g
だし汁……小さじ1

アクのない白菜は食べやすい食材のひとつ。

（作り方）

1. 白菜はやわらかくゆでる。絹ごし豆腐はさっとゆでる。
2. 1をそれぞれ裏ごしし、混ぜ合わせる。
3. 2にだし汁を加え、耐熱容器に入れてラップをかけ電子レンジで15秒ほど加熱する。

ビタミン・ミネラル源　たんぱく質源

玉ねぎとしらすのピューレ

5カ月～

（材料）

玉ねぎ……5～10g
しらす干し……5～10g

玉ねぎは、じっくり火を通すことで甘みがぐっと増します。

（作り方）

1. しらす干しは熱湯½カップに5分ほどつけ、塩抜きをし、水気をきる。
2. 玉ねぎはやわらかくゆで、裏ごしするか、なめらかにすりつぶす。
3. 2に1を加えてさらにすりつぶし、均一になるまで混ぜる。

ビタミン・ミネラル源　たんぱく質源

たいにんじん

5カ月〜

（材料）

真だい……5〜10g
にんじん……5〜10g

にんじんと真だいは同じ鍋でゆでて時短を！

（作り方）

1. にんじんは皮をむいてやわらかくゆでる。途中、たいを加えてさっとゆでる（ゆで汁はとっておく）。
2. にんじんをなめらかにすりつぶし、真だいを加えてさらにすりつぶす。固いようならゆで汁でのばす。

ビタミン・ミネラル源　たんぱく質源

豆乳ほうれん草スープ

5カ月〜

（材料）

豆乳（無調整）……小さじ1〜大さじ1
ほうれん草（葉）……5〜10g

ほうれん草はアクを抜いて食べやすくして。豆乳でまろやかさをアップ。

（作り方）

1. ほうれん草の葉はやわらかくゆで、裏ごしするか、なめらかにすりつぶす。
2. 1を豆乳でのばし、耐熱容器に入れ、ラップをかけて電子レンジで10秒ほど加熱する。

ビタミン・ミネラル源

パプリカとオレンジのピューレ

5カ月〜

（材料）

パプリカ……5〜10g
オレンジ果汁……小さじ1

ほのかな酸味と甘みのあるさわやかな口あたり！

（作り方）

1. パプリカは皮をピーラーでむいて種を取り除き、やわらかくゆで、なめらかにすりつぶす。
2. 1にオレンジ果汁を加え、よく混ぜ合わせる。

主な食材 ゴックン期 P.61 ＋

グリーンアスパラガス　オクラ　ピーマン　きゅうり　長ねぎ　なす　きのこ類　わかめ

野菜が苦手そうなら、とろみをつけてみましょう。味は嫌いでないけれど、食感が嫌だという場合もあります。

ビタミン・ミネラル源　たんぱく質源

にんじん納豆

7カ月～

(材料)

にんじん……15g
ひきわり納豆……12g

栄養価の高い納豆は積極的に食べさせたい食材です。この時期は粒の細かいひきわりが便利。

(作り方)

1. にんじんは皮をむいてやわらかくゆで、すりつぶす。ひきわり納豆は耐熱容器に入れ、電子レンジで15秒ほど加熱する。
2. 1のにんじんとひきわり納豆を、よく混ぜ合わせる。

ビタミン・ミネラル源　たんぱく質源

小松菜の豆乳だし煮

7カ月～

(材料)

小松菜(葉)……15g
豆乳(無調整)……大さじ3
だし汁……大さじ2

青菜の中でもアクの少ない小松菜は離乳食向き。やわらかい葉を使って。

(作り方)

1. 小松菜の葉はやわらかくゆで、細かく刻む。
2. 鍋に1とだし汁、かぶる程度の水を入れ、弱火で1分ほど煮る。
3. 2に豆乳を加え、さらに1分ほど煮る

ビタミン・ミネラル源　たんぱく質源

ブロッコリーのヨーグルトあえ

7カ月～

(材料)

ブロッコリー(穂先)……15g
プレーンヨーグルト……50g

ブロッコリーは食感を嫌がる場合があるので、ヨーグルトであえるなどとろみをつけてみましょう。

(作り方)

1. ブロッコリーは房ごとやわらかくゆで、穂先のみを切る。
2. 1とプレーンヨーグルトを混ぜ合わせる。

ビタミン・ミネラル源　たんぱく質源

大根入り納豆汁

7カ月～

（材料）

大根……15g
ひきわり納豆……12g
だし汁……¼カップ（50ml）

（作り方）

1. 大根は皮をむいてやわらかくゆで、粗くつぶす。
2. 鍋に1とひきわり納豆、だし汁を入れ、弱火で軽く温める。

ビタミン・ミネラル源　たんぱく質源

なすとしらすのうま煮

7カ月～

（材料）

なす……15g
しらす干し……15g

なすはすぐに調理するなら、水につけてのアク抜きはしなくても大丈夫。

（作り方）

1. しらす干しは熱湯½カップに5分ほどつけ、塩抜きをし、水気をきる。
2. なすは皮をむき、ラップで包んで電子レンジで20秒ほど加熱する。
3. 1と2を混ぜ合わせて粗くつぶし、湯大さじ1を加えてなめらかにする。

エネルギー源　ビタミン・ミネラル源　たんぱく質源

アスパラガス入りポテトサラダ

7カ月～

（材料）

グリーンアスパラガス（穂先）……15g
じゃがいも……45g
プレーンヨーグルト……50g

アスパラガスは時間が経つと繊維質が多くなるので、新鮮なものを使いましょう。

（作り方）

1. じゃがいもは皮をむいて、やわらかくゆでる。アスパラガスは皮の固い部分ををむき、やわらかくゆでる。
2. アスパラガスはみじん切りにする。
3. 1と2をフォークなどで細かくつぶし、プレーンヨーグルトを加えて混ぜる。

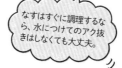

ビタミン・ミネラル源　たんぱく質源

トマトと白身魚のスープ　7カ月~

（材料）
トマト……15g
白身魚（たいなど）……15g
水溶き片栗粉
（片栗粉：水＝1：2）……少々

白身魚の食べにくさは、とろみをつけて解消！

（作り方）
1. トマトは皮と種を取り除き、すりつぶす。白身魚は小さく刻む。
2. 鍋に1と水⅓カップを入れ、中火にかける。白身魚に火が通ったら、水溶き片栗粉を手早く混ぜ入れ、とろみをつける。

エネルギー源　ビタミン・ミネラル源

しめじと里いものうま煮　8カ月~

（材料）
しめじ……20g
里いも……70g

里いもはかぶれる可能性があるので、モグモグ期から与えるようにして。

（作り方）
1. しめじは細かく刻む。
2. 里いもは皮をむいて1㎝厚さの輪切りにする。鍋に里いもとかぶる程度の水を入れて弱火にかけ、やわらかくなるまで煮る。
3. 2に1を加えて1分ほど煮て、里いもをフォークなどでつぶす。

ビタミン・ミネラル源　たんぱく質源

ささ身とパプリカのあんかけ　8カ月~

（材料）
鶏ささ身……15g
パプリカ……20g
水溶き片栗粉
（片栗粉：水＝1：2）……少々

鶏ささ身は食感を嫌がる場合もあるので、しっかりすりつぶし、とろみをつけて。

（作り方）
1. パプリカはピーラーで皮をむいて種を取り除き、やわらかくゆでてすりつぶす。
2. 鍋に水½カップを入れて沸かし、鶏ささ身を入れて火を通し、鍋から取り出してすりつぶす（ゆで汁はとっておく）。
3. 2の鍋に鶏ささ身と1を入れて再度中火にかけ、水溶き片栗粉でとろみをつける。

ビタミン・ミネラル源　たんぱく質源

白菜とさけのうま煮

8カ月〜

（材料）

白菜（葉）……20g

さけ……15g

魚の骨や皮を取り除くのは大変。刺し身なら分量もちょうどよいので活用してみて。刺し身は湯がいて脂質や塩分を落としてから使いましょう。

（作り方）

1. 白菜は細かく刻む。さけは骨と皮を取り除く。
2. 鍋に白菜とかぶる程度の水を入れて弱火にかけ、白菜がやわらかくなるまで煮る。
3. さけを加えて火を通し、フォークなどでつぶす。

ビタミン・ミネラル源

玉ねぎのバター煮

8カ月〜

（材料）

玉ねぎ……20g

バター……少々

バターは無塩がベター。有塩は控えめにしましょう。

（作り方）

1. 玉ねぎはやわらかくゆでて、細かく刻む。
2. 鍋に1とかぶる程度の水、バターを入れて中火にかけ、3分ほど煮る。

ビタミン・ミネラル源　たんぱく質源

キャベツの白あえ

8カ月〜

（材料）

キャベツ……20g

絹ごし豆腐……40g

この時期は木綿豆腐ではなく、口あたりのよい絹ごし豆腐を選ぶとよいでしょう。

（作り方）

1. キャベツはやわらかくゆでて、細かく刻む。
2. 豆腐はさっとゆでて、粗熱がとれたらつぶし、1を加えて混ぜる。

野菜 きのこ　9~11カ月頃

カミカミ期

主な食材　ゴックン期 P.61 ＋ モグモグ期 P.64 ＋

カリフラワー

れんこん

ごぼう

形状のバリエーションが豊富な野菜。さまざまな食感があることを教えていきましょう。

ビタミン・ミネラル源　たんぱく質源

すりおろしにんじん入りたまご焼き

9カ月～

(材料)

にんじん……20g
溶き卵……½個分
植物油……少々

にんじんが苦手な子も、たまご焼きにすれば食べやすくなります。

(作り方)

1. にんじんは皮をむいてすりおろして耐熱容器に入れ、ラップをかけて電子レンジで30秒ほど加熱する。
2. 1と溶き卵を混ぜ合わせる。
3. フライパンに植物油を中火で熱し、2を流し入れて焼き上げ、食べやすい大きさに切る。

ビタミン・ミネラル源

かぼちゃのグラッセ

9カ月～

(材料)

かぼちゃ……20g
バター……少々

バターは無塩のものを使いましょう。有塩の場合は、控えめにして。バターと加熱することでかぼちゃに含まれるカロテンの吸収率がアップします。

(作り方)

1. かぼちゃは皮と種を取り除き、5～7㎜の薄切りにする。
2. 鍋に1とかぶる程度の水、バターを入れて弱火にかけ、かぼちゃがやわらかくなるまで煮る。フォークなどでくずす。

ビタミン・ミネラル源　たんぱく質源

きのこのミルクスープ

9カ月～

(材料)

きのこ(しいたけ、しめじなど)……20g
牛乳……大さじ4
バター……少々
小麦粉……小さじ½

きのこはとろとろにくずせないので、飲みこみやすいようよく刻んで。

(作り方)

1. きのこはみじん切りにする。
2. 鍋にバターを弱火で熱し、溶けてきたら1を入れてさっと炒める。
3. 小麦粉をふり入れて全体を混ぜ、牛乳と水大さじ1を加え、時々混ぜながら弱火で2分ほど煮る。

ビタミン・ミネラル源　たんぱく質源

けんちん汁

9カ月〜

（材料）

木綿豆腐……45g
小松菜……20g
だし汁…½カップ（100ml）

小松菜などの葉ものは食べにくいので、包丁で軽く葉の部分をたたくとやわらかくなります。

（作り方）

1. 小松菜は粗みじん切りにする。
2. 鍋にだし汁を入れて弱めの中火にかけ、沸いてきたら1を加え、やわらかくなるまで煮る。
3. 1cm角に切った木綿豆腐を入れ、さっと加熱する。

ビタミン・ミネラル源　たんぱく質源

カリフラワーと白身魚のシチュー

9カ月〜

（材料）

カリフラワー……20g
白身魚……15g
小麦粉……小さじ1
植物油……少々

カリフラワーのビタミンCは加熱してもこわれにくく、栄養価の高い食材です。

（作り方）

1. カリフラワーをさっとゆで、粗みじん切りにする。白身魚は7mm角に切る。
2. フライパンに植物油を中火で熱し、1のカリフラワーをさっと炒める。
3. 小麦粉をふり入れて混ぜ合わせ、水½カップを加えて煮る。とろみがついたら1の白身魚を加え、魚に火を通す。

ビタミン・ミネラル源

ピーマンのトマト煮

10カ月〜

（材料）

ピーマン……20g
トマトジュース（無塩）……大さじ3
オリーブ油……少々

ピーマンはしっかり加熱すると独特のにおいが和らぎます。

（作り方）

1. ピーマンはへたと種を取り、5mm角に刻む。
2. 鍋にオリーブ油を中火で熱し、ピーマンをさっと炒める。
3. トマトジュースと水大さじ3を加え、ピーマンがやわらかくなるまで煮る。

ビタミン・ミネラル源　たんぱく質源

やわらか白菜のチーズ焼き

10カ月～

（材料）
白菜……25g
粉チーズ……1g

粉チーズはほのかに塩味をつけてくれますが、塩分が強めなので使いすぎないように注意。

（作り方）
1. 白菜はやわらかくゆで、5～7㎜角に刻む。
2. 耐熱容器に1を広げるように入れてチーズをかけ、オーブントースターで焼き色がつくまで5分ほど焼く。

ビタミン・ミネラル源　たんぱく質源

鶏と長ねぎのうま煮

10カ月～

（材料）
鶏もも肉……15g
長ねぎ……25g

長ねぎは辛みがあったり、かみにくかったりしますが、加熱すれば大丈夫。甘みが増し、やわらかくなります。

（作り方）
1. 鶏もも肉は皮と脂を取り除き、5～7㎜角に切る。
2. 長ねぎは5~7㎜長さに切る。
3. 鍋に1と2、かぶる程度の水を入れ、弱火で長ねぎがやわらかくなるまで煮る。

ビタミン・ミネラル源　たんぱく質源

きゅうりとささ身のとろみスープ

10カ月～

（材料）
きゅうり……20g
鶏ささ身……15g
水溶き片栗粉
（片栗粉：水＝1：2）……少々
ごま油……少々

きゅうりの皮は固いのでむきましょう。カミカミ期までは加熱して。

（作り方）
1. きゅうりは皮をむき、縦4等分にして薄切りにする。鶏ささ身は細かく刻む。
2. 鍋に水$\frac{1}{2}$カップを入れて弱めの中火にかけ、沸いたら1を入れて1分ほど煮る。水溶き片栗粉でとろみをつけ、仕上げにごま油を加える。

ビタミン・ミネラル源　たんぱく質源

玉ねぎと牛ひき肉の炒め物

10カ月～

（材料）

- 玉ねぎ……25g
- 牛ひき肉……15g
- 小麦粉……小さじ½
- 植物油……少々

（作り方）

1. 玉ねぎはみじん切りにする。
2. フライパンに植物油を中火で熱し、1と牛ひき肉を入れて3分ほど炒める。肉に火が通ったら、全体に小麦粉をふり入れてさっと混ぜ、水大さじ2を加えて1分ほど煮る。

ビタミン・ミネラル源　たんぱく質源

チンゲン菜と牛肉の中華風うま煮

10カ月～

（材料）

- チンゲン菜……25g
- 牛赤身肉……15g
- ごま油……少々
- 水溶き片栗粉（片栗粉：水＝1：2）……少々

（作り方）

1. チンゲン菜は粗みじん切りにする。牛赤身肉は細かく刻む。
2. 鍋にごま油を中火で熱し、チンゲン菜を入れてさっと炒める。水½カップを加え、沸いたら火を弱めて2分ほど煮る。牛赤身肉を加え、アクを丁寧に取りながら、牛肉に火が通るまで煮る。
3. 水溶き片栗粉を加えて手早く混ぜ、とろみをつける。

エネルギー源　ビタミン・ミネラル源　たんぱく質源

おかか入りキャベツお好み焼き

10カ月～

（材料）

- キャベツ……25g
- かつおぶし……ひとつまみ
- 溶き卵……⅓個分
- 小麦粉……大さじ3
- 植物油……少々

手づかみ食べに最適な料理。手でつかめる形に切ってみて。

（作り方）

1. キャベツはやわらかくゆで、せん切りにする。
2. ボウルに1、かつおぶし、溶き卵、小麦粉、水大さじ2を入れて混ぜ合わせる。
3. フライパンに植物油を弱めの中火で熱し、2を流し入れて両面をこんがり焼き上げ、食べやすい大きさに切る。

野菜
きのこ

1~1
歳半頃

パクパク期

主な食材　ゴックン期 P.61 ＋ モグモグ期 P.64 ＋ カミカミ期 P.68 ＋ カミカミ期頃までの食材とほぼ同じ

食べ物の好みが出てくるこの時期。偏りなく、いろいろな野菜を食べられるよう、さまざまな調理法にトライしてみて。

ビタミン・ミネラル源

ベビーおでん

1歳~

（材料）

大根……20g
にんじん……10g
だし汁…½カップ（100ml）

スプーンですくう練習や、手づかみ食べの練習におすすめの離乳食です。

（作り方）

1. 大根とにんじんは皮をむいてやわらかくゆで、それぞれ1cm弱角に切る。
2. 1とだし汁を鍋に入れ、弱火で3分ほど煮る。

調理時間 20分

ビタミン・ミネラル源　たんぱく質源

トマトと卵の炒め物

1歳~

（材料）

トマト……30g
溶き卵……½個分
植物油……少々

トマトの酸味は加熱することで抑えられます。卵と合わせて、さらに食べやすく。

（作り方）

1. トマトは皮と種を取り除き、7mm角に切る。
2. フライパンに植物油を中火で熱し、トマトをさっと炒める。
3. 溶き卵を加え、卵に火が通るまで炒める。

調理時間 10分

ビタミン・ミネラル源　たんぱく質源

ほうれん草と豆腐のチャンプル

1歳~

（材料）

ほうれん草……30g
木綿豆腐……50g
ごま油……少々

この時期は、ほうれん草は茎も使ってOK。鉄分が多いので、積極的に利用しましょう。

（作り方）

1. ほうれん草はさっとゆでて、粗みじん切りにする。
2. フライパンにごま油を中火で熱し、1を炒める。
3. 木綿豆腐を加え、木べらでくずしながら1分ほど炒める。

調理時間 15分

ビタミン・ミネラル源　たんぱく質源

かぼちゃの粉チーズ焼き

1歳〜

（材料）

- かぼちゃ……30g
- 粉チーズ……小さじ1
- オリーブ油……少々

かぼちゃは種類により水分量が異なるので、様子をみながら加熱時間は調整して。

（作り方）

1. かぼちゃは皮と種を取り除き、ラップに包んで電子レンジで1分ほど加熱する。粗熱をとり、1㎝角に切る。
2. フライパンにオリーブ油を中火で熱し、1をさっと炒める。仕上げに粉チーズを入れ、全体を混ぜる。

ビタミン・ミネラル源　たんぱく質源

しいたけとまぐろのうま煮

1歳〜

（材料）

- しいたけ……30g
- まぐろ……15g
- だし汁……大さじ6

しいたけは香りがよく、だしも出る優れもの食材。上手に使って。

（作り方）

1. しいたけとまぐろは1㎝角に切る。
2. 鍋にだし汁を入れて中火にかける。沸いたら1を入れてさっと煮る。

ビタミン・ミネラル源　たんぱく質源

ズッキーニのキッシュ風

1歳〜

（材料）

- ズッキーニ……30g
- 溶き卵……1/3個分
- 牛乳……大さじ2
- オリーブ油……少々

蒸し器の代わりに、ラップをかけ、電子レンジで1分ほど加熱してもOK。

（作り方）

1. ズッキーニは薄めの輪切りにし、さらに細く刻む。
2. フライパンにオリーブ油を中火で熱し、1を1分ほど炒めて粗熱を取る。
3. ボウルに2、溶き卵、牛乳を入れ混ぜ合わせる。
4. 耐熱容器に入れ、アルミホイルをかけたら蒸気の上がった蒸し器に入れ、固まるまで5分ほど蒸す。

ビタミン・ミネラル源　たんぱく質源

にんじんと鶏もも肉のうま煮　1歳~

（材料）

にんじん……………30g
鶏もも肉……………15g

（作り方）

1. にんじんは皮をむいてやわらかくゆでて、フォークなどで食べやすくくずす。
2. 鶏もも肉は皮と脂を取り除き、7㎜～1㎝幅に切る。
3. 鍋に1と2を入れ、かぶる程度の水を加えて、鶏もも肉に火が通るまで煮る。

ビタミン・ミネラル源　たんぱく質源

にらレバ　1歳~

（材料）

にら……………30g
鶏レバー……………15g
ごま油……………少々

鶏、豚、牛の中では鶏レバーがやわらかく使いやすいです。

（作り方）

1. にらは粗みじん切りにする。鶏レバーは水に5分ほどつけ、水気をふいて、7㎜～1㎝角に刻む。
2. フライパンにごま油を中火で熱し、1を入れてさっと炒め、水大さじ2を加えて鶏レバーに火が通るまで炒める。

ビタミン・ミネラル源　たんぱく質源

なすの豚ひき肉あんかけ　1歳~

（材料）

なす……………30g
豚赤身ひき肉……………15g
水溶き片栗粉
（片栗粉：水＝1：2）……少々

豚ひき肉のアクを丁寧に取ることで、臭みが取れて食べやすくなります。

（作り方）

1. なすは皮をむき、ラップで包んで電子レンジで1分ほど加熱する。粗熱が取れたら1㎝角に切る。
2. 鍋に水$\frac{1}{3}$カップを入れて中火にかけ、沸いてきたら豚赤身ひき肉を加え、アクを丁寧に取り、水溶き片栗粉でとろみをつける。
3. 器に1を盛り、2をかける。

ビタミン・ミネラル源　たんぱく質源

玉ねぎとツナのあえ物

1歳 3カ月〜

（材料）

玉ねぎ……40g
ツナ缶（油漬け）……20g

この時期にはツナの油漬けを使っても大丈夫ですが、しっかり油を切るようにして。

（作り方）

1. 玉ねぎはやわらかくゆで、細かく刻む。ツナは油をよく切っておく。
2. ツナと玉ねぎを混ぜ合わせる。

ビタミン・ミネラル源　たんぱく質源

アスパラガスの高野豆腐炒め

1歳 3カ月〜

（材料）

グリーンアスパラガス……40g
高野豆腐（すりおろし）……小さじ1
オリーブ油……少々

アスパラガスに含まれるβカロテンは、オリーブ油と一緒に食べると吸収がよくなります。

（作り方）

1. アスパラガスは皮の固い部分をむき、やわらかくゆで、1cm幅に切る。
2. フライパンにオリーブ油を中火で熱し、アスパラガスをさっと炒め、高野豆腐を加えて全体を混ぜる。

ビタミン・ミネラル源　たんぱく質源

ピーマンと豚肉の細切り炒め

1歳 3カ月〜

（材料）

ピーマン……40g
豚赤身肉……20g
片栗粉……少々
ごま油……少々

ピーマンが苦手なら、苦みのないパプリカから慣れさせていってもいいでしょう。

（作り方）

1. ピーマンはへたと種を取り除き、2cm幅の細切りにする。豚赤身肉は細く切って片栗粉をからめておく。
2. フライパンにごま油を中火で熱し、1を入れてさっと炒める。水大さじ2を加え、ピーマンがやわらかくなるまで炒め煮にする。

脂肪を多く含んだ動物性たんぱく質

肉類

食べてよい順番や量を把握しルールを守って与えよう

主菜の主な食材となるのがたんぱく質を多く含む食品です。その代表的なものが肉類。鶏肉、牛肉、豚肉などがあり、たんぱく質と脂質が主な成分になっています。

たんぱく質は体をつくる重要な栄養素ですが、肉類でやわらかい部分は脂質が多いので、鶏ささ身肉以外は遅い時期からスタートします。赤ちゃんの内臓に負担がかからないよう脂質の少ないものから順番に与えていきます。また、肉は加熱すると固くなるため、慣れないうちは赤ちゃんが食べてくれないことも多く、いかに食べやすくして与えるかがポイントです。とろみをつけたり、とろみのある食品と合わせるなどの工夫をしましょう。

この肉はいつから食べられる？

	ソーセージ＆ハム	合いびき肉	豚肉（赤身）	牛肉（赤身）	鶏肉（むね、もも）	鶏ささ身
ゴックン期 5～6カ月	×	×	×	×	×	×
モグモグ期 7～8カ月	×	×	×	×	△	○
カミカミ期 9～11カ月	×	×	○	○	○	○
パクパク期 1～1歳半	○	○	○	○	○	○
アドバイス	脂肪が多いので少量を。添加物の少ないものを選んで。	脂肪が多いので注意。赤身のひき肉をカミカミ期から。	豚肉・牛肉とも脂肪分が多い部分は避けて。	鉄分が豊富な牛肉は赤身肉をカミカミ期から。	ささ身に慣れたら鶏むね肉を。もも肉は皮と脂を除いて。	脂肪の少ない鶏のささ身はモグモグ期からOK。

＼調理のエキスパート
淳子先生からのアドバイス／

まずは体験！ レッツトライ！

子どもも大人も大好きなお肉。でも赤ちゃんにとっては実はハードルの高い食品。固さやとろみの濃度によっては食べてくれないこともあります。離乳食は食べるのが当たり前と思わず、「まずはトライすることが大事」と思うと気が楽ですよ。

調理ワンポイント

繊維を刻んで切りとろみをつけると◎

肉は加熱すると繊維が縮んで固くなったり、冷めるとパサパサになることも。繊維を切るように刻んでから調理し、とろみをつけるとよいでしょう。野菜と調理しとろみをつけると、野菜のしっとり感も加わりさらに食べやすくなります。

肉が苦手な子には
↓
- 加熱しすぎないこと
- とろみをつけて食べやすく

モグモグ期

主な食材  鶏ささ身

口にする最初の肉は、脂肪分の少ない鶏ささ身から。食感が苦手な子も多いので、ほかの食材と混ぜたりしてみて。

エネルギー源　たんぱく質源

ささ身とさつまいものあえ物　7カ月～

（材料）
- 鶏ささ身……10g
- さつまいも……45g

さつまいもはアクが強いので、水につけてアク抜きを忘れずに。

（作り方）
1. 鶏ささ身はゆでて（ゆで汁はとっておく）、細かくすりつぶす。
2. さつまいもは皮をむき、水に5分ほどつけてアクを抜き、やわらかくゆでる。
3. 1に2を加えて細かくつぶし、1のゆで汁でなめらかにのばす。

ビタミン・ミネラル源　たんぱく質源

ささ身りんご　7カ月～

（材料）
- 鶏ささ身……10g
- りんご……5g

ささ身とりんごを混ぜながら食べさせても、最初から混ぜてしまってもOKです。

（作り方）
1. りんごは皮をむく。鍋に湯を沸かし、りんごをやわらかくゆでる。途中、鶏ささ身も入れて火を通す。
2. 水気をきったりんご、鶏ささ身を細かくすりつぶし、器に盛る。

ビタミン・ミネラル源　たんぱく質源

ささ身とチンゲン菜のスープ　8カ月～

（材料）
- 鶏ささ身……15g
- チンゲン菜の葉……20g
- ごま油……少々

チンゲン菜はアクが少なく、離乳食向きの食材。

（作り方）
1. チンゲン菜の葉は細かく刻む。
2. 鍋に水½カップを火にかけ、沸いたら鶏ささ身を加えて火を通して、取り出す。
3. 2の鍋にチンゲン菜の葉を入れ、やわらかくなるまで煮る。
4. 2の鶏ささ身を細かく刻み、3に入れて、ごま油で風味付けをする。

肉類 9~11カ月頃 カミカミ期

主な食材 モグモグ期 P.77 ＋

鶏むね肉・鶏もも肉

牛赤身肉

豚赤身肉

牛や豚は脂肪分の少ない赤身肉からチャレンジ。料理のレパートリーもぐっと増えていきます。

ビタミン・ミネラル源 たんぱく質源

鶏むね肉ときのこの炒め物 9カ月～

(材料)

鶏むね肉……15g
きのこ(しいたけ、しめじなど)……20g
植物油……少々
小麦粉……小さじ1/3

鶏肉の皮は脂肪分が多いので、必ず取り除きましょう。

(作り方)

1. きのこは粗みじん切りにする。鶏むね肉は皮と脂を取り除き、粗みじんに刻んで小麦粉をからめておく。
2. フライパンに植物油を弱めの中火で熱し、1をさっと炒める。水大さじ1/2を加えて全体を混ぜ、鶏むね肉に火が通るまで炒める。

ビタミン・ミネラル源 たんぱく質源

鶏もも肉のトマト煮 9カ月～

(材料)

鶏もも肉……15g
トマト……20g
オリーブ油……少々

5倍がゆ、パスタにかけてもOK。

(作り方)

1. 鶏もも肉は皮と脂を取り除き、5mm角に切る。
2. トマトは皮と種を取り除き、細かく刻む。
3. フライパンにオリーブ油を中火で熱し、1をさっと炒める。2を加えて、鶏もも肉に火が通るまで炒め煮する。

たんぱく質源

チキンナゲット風 9カ月～

(材料)

鶏むねひき肉……15g
片栗粉……ひとつまみ
植物油……少々

鶏むねひき肉が売っていなかったら、鶏むね肉を包丁でたたいてもOK。

(作り方)

1. ボウルに鶏むねひき肉と片栗粉を入れ、混ぜ合わせる。
2. フライパンに植物油を中火で熱し、1をスプーンで1.5～2cmの大きさに落とし入れ、両面をこんがり焼き上げる。

ビタミン・ミネラル源　たんぱく質源

鶏むね肉のくずたたき

10カ月～

（材料）

鶏むね肉……15g
おくら……25g
片栗粉……適量

粘りけのあるおくらは、とろみづけにもなります。食感がモサモサするものと合わせてみて。

（作り方）

1. おくらはやわらかくゆで、縦半分に切り、種を取り除いて細かく刻む。
2. 鶏むね肉は皮と脂を取り除き、小さなそぎ切りにし、片栗粉をまぶす。鍋に湯を沸かし、ゆでる。
3. 1と2を器に盛り、混ぜながら食べさせる。

ビタミン・ミネラル源　たんぱく質源

鶏もも肉とキャベツのシチュー

10カ月～

（材料）

鶏もも肉……10g
キャベツ……25g
牛乳……大さじ3
バター……少々

キャベツはビタミンC、ビタミンKを豊富に含むほか、ビタミンU(キャベジン)も含む胃にやさしい食材。でも、食べにくいので煮込んでやわらかくしましょう。

（作り方）

1. 鶏もも肉は皮と脂を取り除き、5mm角に切る。
2. キャベツは粗みじんに切る。
3. 鍋にバターを入れて中火にかけ、1と2を加えてさっと炒める。具材がかぶる程度の水を加え、弱火で5分ほど煮る。仕上げに牛乳を加える。

ビタミン・ミネラル源　たんぱく質源

鶏もも肉とズッキーニのソテー

10カ月～

（材料）

鶏もも肉……15g
ズッキーニ……25g
オリーブ油……少々

かぼちゃの仲間であるズッキーニはやわらかく、離乳食向きの食材です。

（作り方）

1. 鶏もも肉は皮と脂を取り除き、5mm角に切る。
2. ズッキーニは縦4等分にし、薄切りにする。
3. フライパンにオリーブ油を中火で熱し、1と2をさっと炒め、水大さじ1を入れて鶏もも肉に火が通るまで炒める。

エネルギー源　ビタミン・ミネラル源　たんぱく質源

牛赤身ひき肉とほうれん草のお焼き

9カ月～

（材料）

牛赤身ひき肉……15g
ほうれん草……20g
小麦粉……大さじ2
植物油……少々

カミカミ期から牛肉もOK。鉄分が多い牛肉は積極的に食べさせたい食材です。

（作り方）

1. ほうれん草はやわらかくゆで、小口から刻む。
2. ボウルに1と小麦粉、水大さじ1、牛赤身ひき肉を入れて混ぜ合わせる。
3. フライパンに植物油を中火で熱し、2をスプーンで1～1.5cmの大きさに落とし入れ、牛赤身ひき肉に火が通るまでしっかり焼く。

ビタミン・ミネラル源　たんぱく質源

牛肉とパプリカの炒め物

10カ月～

（材料）

牛赤身肉……15g
パプリカ……25g
植物油……少々
片栗粉……少々

（作り方）

1. パプリカはピーラーで皮をむいて種を取り除き、短めの細切りにする。
2. 牛赤身肉は細く刻んで、片栗粉をからめておく。
3. フライパンに植物油を中火で熱し、1を炒める。パプリカがやわらかくなったら2を加え、牛赤身肉に火を通す。

ビタミン・ミネラル源　たんぱく質源

牛肉と大根の煮物

11カ月～

（材料）

大根……30g
牛赤身肉……15g

丁寧に牛肉のアクを取ることで臭みが減り、食べやすくなります。

（作り方）

1. 大根はやわらかくゆで、1cm角に切る。
2. 牛赤身肉は細く刻む。
3. 鍋に1とかぶる程度の水を入れ、弱めの中火にかける。沸いてきたら2を加え、丁寧にアクを取り、牛赤身肉に火を通す。

パクパク期

主な食材 モグモグ期 P.77 + カミカミ期 P.78 +  牛ひき肉  豚ひき肉  合いびき肉

モグモグ期 P.77 カミカミ期 P.78

合いびき肉など脂肪分が多めの肉にも挑戦してみましょう。固さはミートボールを目安にして。

ビタミン・ミネラル源　たんぱく質源

鶏むね肉とりんごのヨーグルトあえ

1歳～

（材料）

鶏むね肉……10g
りんご……10g
プレーンヨーグルト……大さじ2

りんごが含むペクチン（整腸作用がある）は、すりおろすと摂取しやすくなります。

（作り方）

1. 鶏むね肉は皮と脂を取り除いてゆで、7㎜角に切る。
2. りんごは皮をむき、すりおろす。
3. 1と2をプレーンヨーグルトであえる。

ビタミン・ミネラル源　たんぱく質源

かぼちゃのそぼろあん

1歳～

（材料）

鶏ももひき肉……15g
かぼちゃ……30g
水溶き片栗粉
（片栗粉：水＝1：2）……適量

ひき肉はとろみをつけることで、ぐっと食べやすくなります。

（作り方）

1. かぼちゃは皮と種を取り除き、ラップで包んで電子レンジで1分ほど加熱する。
2. 鍋に水⅓カップと鶏ももひき肉を入れ、中火にかける。ほぐしながら加熱し、沸いてきたら丁寧にアクを取り、水溶き片栗粉でとろみをつける。
3. 器に1を盛り、2をかけ、くずしながら食べさせる。

ビタミン・ミネラル源　たんぱく質源

鶏もも肉となすのだし煮

1歳～

（材料）

鶏もも肉……15g
なす……30g
だし汁……大さじ4

よく煮たなすはとろりとした食感で、鶏もも肉のパサつきをやさしく包んでくれます。

（作り方）

1. 鶏もも肉は皮と脂を取り除き、5㎜角に切る。
2. なすは皮をむき、5分ほど水につけてアク抜きをし、1㎝弱角に切る。
3. 鍋にだし汁と1、2、水大さじ2を入れ、弱火にかける。沸いてきたらアクを丁寧に取り、3分ほど煮る。

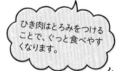

ビタミン・ミネラル源　たんぱく質源

レバーペースト

1歳〜

〔材料〕

鶏レバー……15g
りんご……10g
植物油……少々

〔作り方〕

1. 鶏レバーは水に5分ほどつけ、水気をキッチンペーパーなどでふき、粗く刻む。りんごは皮をむいて薄切りにする。

2. 鍋に植物油を中火で熱し、1をさっと炒める。水大さじ4を加えて火を弱め、りんごがやわらかくなるまで4〜5分煮る。

3. りんごと鶏レバーを取り出し(煮汁はとっておく)、なめらかにすりつぶす。固いようなら煮汁でのばす。

ビタミン・ミネラル源　たんぱく質源

牛ひき肉とおろしれんこんの煮物

1歳〜

〔材料〕

牛赤身ひき肉……15g
れんこん……30g
だし汁……大さじ4
植物油……少々

つなぎにれんこんを使っているので、小麦粉アレルギーの心配がある場合も安心です。

〔作り方〕

1. れんこんは皮をむいてすりおろし、軽く水気をきって牛赤身ひき肉を混ぜ合わせる。

2. フライパンに植物油を中火で熱し、1をスプーンで1〜1.5cmの大きさに落とし入れ、両面を焼く。

3. 2にだし汁を加えてさっと沸かし、火を通す。

ビタミン・ミネラル源　たんぱく質源

ミニミニハンバーグ

1歳〜

〔材料〕

合いびき肉……15g
にんじん……15g
パン粉……小さじ1
植物油……少々

脂肪分の多い合いびき肉はパクパク期からOK。

〔作り方〕

1. にんじんは皮をむいてすりおろし、パン粉と混ぜ合わせる。

2. 1がふやけたら、合いびき肉を入れてよく練り混ぜ、ひと口大のハンバーグ状に丸める。

3. フライパンに植物油を中火で熱し、2をこんがり両面焼く。

ビタミン・ミネラル源　たんぱく質源

牛肉と玉ねぎのトマトジュース煮

1歳3カ月～

（材料）

牛赤身肉……20g
玉ねぎ……40g
トマトジュース（無塩）……大さじ3
オリーブ油……少々

玉ねぎを炒めると甘みが引き出され、さらにつるっとした食感で牛肉の食べにくさをフォローします。

（作り方）

1. 牛赤身肉は細かく刻む。玉ねぎはみじん切りにする。
2. 鍋にオリーブ油を中火で熱し、1をさっと炒める。
3. 2にトマトジュースを加え、3分ほど煮る。

エネルギー源　たんぱく質源

豚肉とじゃがいもの細切り炒め

1歳3カ月～

（材料）

豚赤身肉……20g
じゃがいも……100～140g
ごま油……少々

ごま油を使うと香りがよくなり、食欲が刺激されます。

（作り方）

1. 豚赤身肉は細切りにする。じゃがいもは皮をむき、2㎝長さの細切りにする。
2. フライパンにごま油を中火で熱し、1を入れ、豚赤身肉とじゃがいもに火が通るまで炒める。

ビタミン・ミネラル源　たんぱく質源

かぼちゃの豚肉巻き焼き

1歳3カ月～

（材料）

豚赤身肉……20g
かぼちゃ……40g
植物油……少々

殺菌のために、豚肉にはしっかり火を通して。

（作り方）

1. かぼちゃは皮と種を取り除き、ラップに包んで電子レンジで1分15秒ほど加熱する。粗熱がとれたら8等分に切る。
2. 豚赤身肉を広げ、1のかぼちゃを巻く。
3. フライパンに植物油を中火で熱し、2の巻き終わりを下にして並べ、豚肉に火が通るまで焼く。

脳を活性化する成分が豊富なたんぱく質源

魚介類

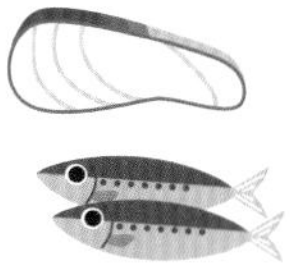

栄養もうまみも多い食品 脂肪の少ない魚からスタート

魚類は肉類と比べると水分を多く含み、繊維がやわらかいので消化されやすく離乳食向き。また魚は肉同様に脂質を多く含みますが、魚の油はＤＨＡやＥＰＡなど、アレルギーや炎症を抑えたり、脳の機能を高める成分を多く含んでいます。

白身魚ならゴックン期から与えてＯＫ。はじめて与えるならクセがない「真だい」がよいでしょう。その後は脂質の少ない順に、赤身魚、青背魚を与えます。

魚の調理では、皮や骨をしっかり取り除く必要があります。刺し身用の魚は価格は高くなりますが、手軽に使え、鮮度もよく安心です。また、魚を一匹丸ごと使用する場合には、尾に近いほうが骨が少ないので大人用と一緒に調理し、取り分けてもよいでしょう。

魚の与え方 白身魚からスタート

白身魚（5カ月～）

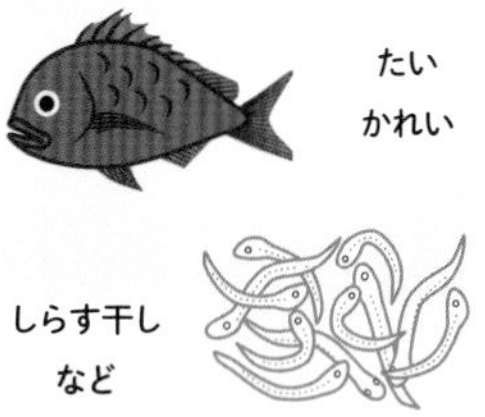

しらす干しは必ず塩抜きをして与えます。口に残りやすいので丁寧に調理して。

赤身魚（7カ月～）

甘塩さけは塩分が多いので注意。まぐろは赤身、かつおは血合いの部分が鉄分が多くおすすめ。生食はNG。

青背魚（9カ月～）

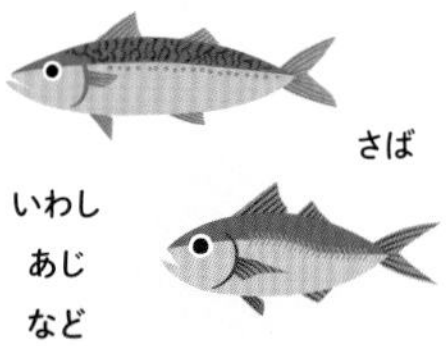

いわしやあじ、さばなどは、DHA、EPAなどアレルギーや炎症を抑えたり、脳を活性化させたりする脂質を多く含みます。

調理のエキスパート
淳子先生からのアドバイス

魚介加工食品も上手に使おう

魚は段階を経て使える食材が増えていくのでバリエーションを増やしやすい食品。しらす干しやツナ缶は使い勝手がよいです。しかし加工食品は塩分や脂肪を多く含むので、塩抜きをしたり、「食塩無添加」を選んだりして、少量ずつ取り入れて。

調理ワンポイント

加熱しすぎて身が固くならないように

魚は火を通しすぎないよう、ゆですぎず、焼きすぎないのが調理のポイントです。焼き加減が難しく感じられるなら、さっと焼いてから汁物に入れてもよいでしょう。パサパサになるのを防ぎ、魚からうまみも出るのでおすすめです。

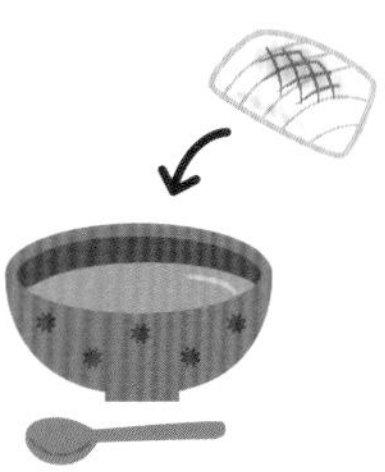
軽く焼いてからスープへ
魚がやわらかくなり
うまみも出てグッド！

魚介類　5~6カ月頃

ゴックン期

主な食材  白身魚（たい、ひらめ、かれい　など）  しらす干し

脂肪分が少なく、消化もよい白身魚から始めましょう。脂質が少なく良質のたんぱく源となる「真だい」がおすすめです。

ビタミン・ミネラル源　たんぱく質源

たいかぶ

5カ月～

（材料）

真だい……5～10g
かぶ……5～10g

魚の骨や皮を取り除くのは大変。刺し身なら分量もちょうどよいので活用してみて。

（作り方）

1. かぶは厚めに皮をむき、やわらかくゆでる。真だいもさっとゆでる（ゆで汁はとっておく）。

2. 真だいをなめらかにすりつぶし、かぶを加えてさらにすりつぶす。固いようならゆで汁で濃度を調整する。

ビタミン・ミネラル源　たんぱく質源

たいとブロッコリーのうま煮

5カ月～

（材料）

真だい……5～10g
ブロッコリー（穂先）……5～10g

（作り方）

1. ブロッコリーはやわらかくゆで、穂先のみを切り取り、なめらかにすりつぶす。

2. 真だいはさっとゆでる（ゆで汁はとっておく）。

3. 2を1に加え、さらにすりつぶす。固いようならゆで汁で濃度を調整する。

ビタミン・ミネラル源　たんぱく質源

しらすかぼちゃ

6カ月～

（材料）

しらす干し……5～10g
かぼちゃ……5～10g

しらす干しは塩分が高いので、塩抜きを忘れずに。

（作り方）

1. しらす干しは熱湯½カップに5分ほどつけて、塩抜きをし、水気をきる。

2. かぼちゃは皮と種を取り除き、やわらかくゆでる（ゆで汁はとっておく）。

3. 1をなめらかにすりつぶし、2を加えてさらにすりつぶす。固いようならゆで汁で濃度を調整する。

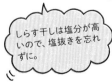

魚介類

7~8カ月頃

モグモグ期

主な食材 ゴックン期 P.85 +   赤身魚（まぐろ、かつお）  さけ  ツナ缶（無塩水煮）

赤身魚も食べられるようになります。生の魚はもちろん、ツナ缶なども上手に使ってみましょう。

ビタミン・ミネラル源 たんぱく質源

ほうれん草のたいあんかけ 7カ月～

（材料）

ほうれん草（葉）……15g
たい……10g
水溶き片栗粉
（片栗粉：水＝1：2）……少々

たいを煮る鍋に、1のほうれん草を入れて一緒に煮てもOK。

（作り方）

1. ほうれん草の葉はやわらかくゆで、細かく刻んで、器に盛る。
2. 鍋に水⅓カップとたいを入れ、火が通るまで煮る。一度火を止め、たいをフォークなどで細かくつぶす。再度火にかけて、沸騰したら水溶き片栗粉を加えて手早く混ぜ、とろみをつける。
3. 1に2をかける。

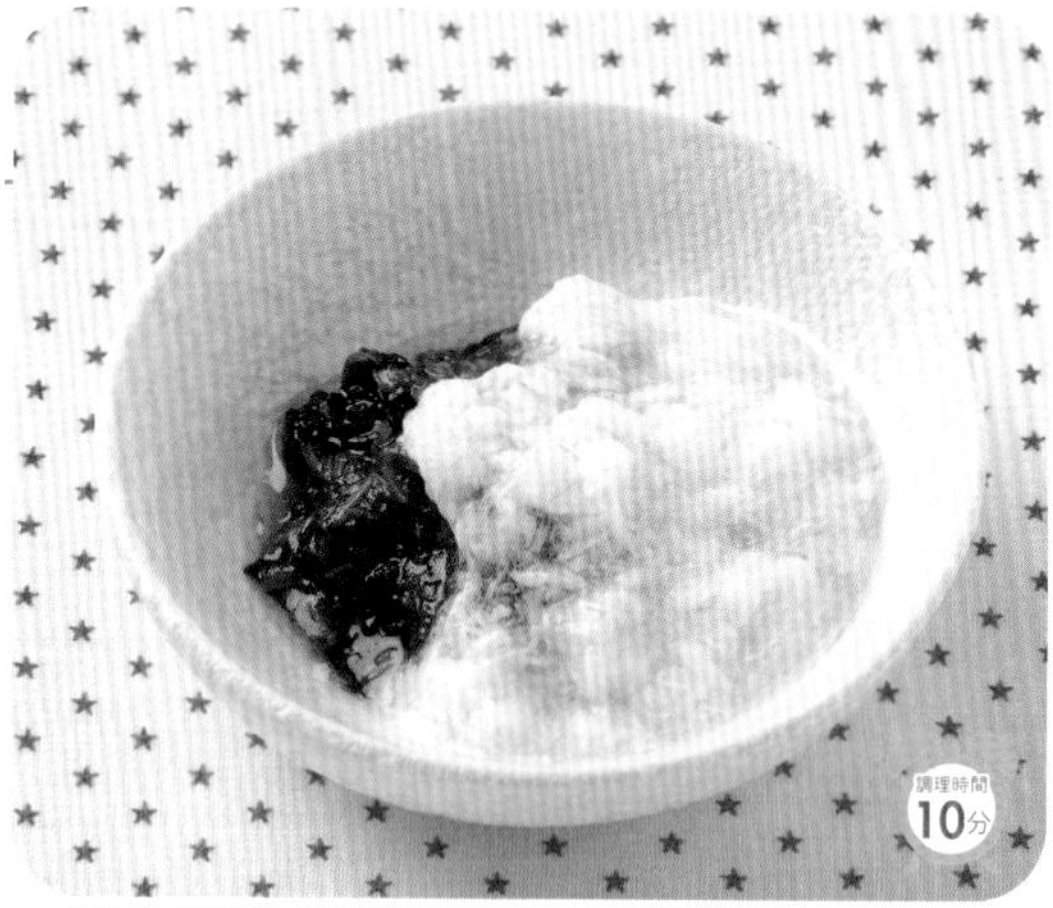

ビタミン・ミネラル源 たんぱく質源

しらすトマト 7カ月～

（材料）

しらす干し……10g
トマト……15g

しらす干しは塩気があるものの、傷みやすいので、新鮮なものを使ったり、購入後すぐにフリージングをして。

（作り方）

1. しらす干しは熱湯½カップに5分ほどつけて塩抜きし、水気をきって細かくすりつぶす。
2. トマトは皮と種を取り除き、1に加えてさらに細かくすりつぶす。

ビタミン・ミネラル源 たんぱく質源

しらすブロッコリーのとろとろ 8カ月～

（材料）

しらす干し……15g
ブロッコリー……20g
水溶き片栗粉
（片栗粉：水＝1：2）……少々

モグモグ期に舌と上あごでつぶして食べる練習にぴったりなメニュー。ブロッコリーのつぶつぶにも慣れさせましょう。

（作り方）

1. しらす干しは熱湯½カップに5分ほどつけて塩抜きし、水気をきって細かくすりつぶす。
2. ブロッコリーはやわらかくゆで、穂先のみを切り取る。
3. 鍋に1と2、水½カップを入れて中火にかける。沸騰したら水溶き片栗粉を加え、手早く混ぜてとろみをつける。

ビタミン・ミネラル源　たんぱく質源

なすとたいのとろとろ

8カ月〜

（材料）

なす……20g
たい……15g

なすは加熱するととろみが出るので、とろみづけとしても使えます。

（作り方）

1. なすは皮をむき、ラップで包んで電子レンジで30秒ほど加熱する。粗熱がとれたら、細かく刻む。
2. たいはさっとゆでて、細かくすりつぶす。
3. 1と2を混ぜ合わせる。

エネルギー源　ビタミン・ミネラル源　たんぱく質源

まぐろとトマトのライスサラダ

7カ月〜

（材料）

まぐろ……10g
トマト……15g
5倍がゆ（→P.42）……50g
オリーブ油……少々

白身魚に慣れてきたら、赤身魚にトライしてみましょう。

（作り方）

1. まぐろはさっとゆで、細かくすりつぶす。
2. トマトは皮と種を取り除き、5倍がゆとオリーブ油を加え、混ぜる。器に盛り、1をのせて、混ぜながら食べさせる。

ビタミン・ミネラル源　たんぱく質源

まぐろと玉ねぎのだし煮

8カ月〜

（材料）

まぐろ……15g
玉ねぎ……20g
だし汁……1/3カップ（70ml）

野菜がやわらかくなるまで火にかけると、煮詰まり味が濃くなりすぎるので、通常の濃さのだしを水で薄め、調整します。

（作り方）

1. 玉ねぎは薄切りにする。
2. 鍋に1とだし汁、水大さじ3を入れて弱火にかける。玉ねぎがやわらかくなったら、まぐろを加えてさっと火を通す。
3. 2を軽くすりつぶす。

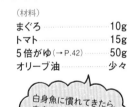

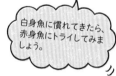

ビタミン・ミネラル源　たんぱく質源

さけとカリフラワーのとろとろ　8カ月～

（材料）

さけ……15g
カリフラワー……20g

脂質の多いさけは、まぐろなどの赤身魚に慣れてから与えましょう。

（作り方）

1. さけは皮と骨を取り除く。カリフラワーは粗く刻む。
2. 鍋に1とかぶる程度の水を入れて弱火にかけ、火を通す。
3. 2を軽くすりつぶす。

エネルギー源　ビタミン・ミネラル源　たんぱく質源

さけとじゃがいものサラダ　8カ月～

（材料）

さけ……10g
じゃがいも……75g
ブロッコリー……10g
プレーンヨーグルト……20g

プレーンヨーグルトは魚の臭みをとるだけでなく、じゃがいもをなめらかにし、食べやすくします。

（作り方）

1. じゃがいもはやわらかくゆでる。さけは皮と骨を取り除き、さっとゆでる。ブロッコリーはやわらかくゆでる。
2. 1を軽くすりつぶし、プレーンヨーグルトと混ぜ合わせる。

ビタミン・ミネラル源　たんぱく質源

かぶとかつおのうま煮　8カ月～

（材料）

かぶの葉……5g
かぶ……15g
かつお……15g

かつおは背身（赤身）を選びましょう。血合いは鉄分が多く、おすすめ。

（作り方）

1. かぶは皮を厚めにむき、葉は細かく刻む。かぶと葉を鍋に入れ、かぶる程度の水を入れて弱めの中火にかけ、やわらかくなるまで煮る。
2. 1にかつおを入れ、さっと火を通す。すり鉢に煮汁ごと入れ、かぶとかつおを軽くすりつぶす。

9～11カ月頃 カミカミ期

主な食材 ゴックン期 P.85 ＋ モグモグ期 P.86 ＋

青背魚(あじ、さんま、いわし、ぶり など)

たら

ほたて貝柱

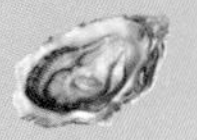

カキ

青背魚や貝類もレパートリーにプラス。白身でも、銀たらは脂質が多いので、この時期からOKに。

ビタミン・ミネラル源　たんぱく質源

たいとトマトのソテー

9カ月～

（材料）

たい……15g

トマト……20g

オリーブ油……少々

加熱に強く、酸化しにくいオリーブ油は加熱調理におすすめです。

（作り方）

1. たいは6～7㎜角に切る。トマトは皮と種を取り除き、同様の大きさに切る。
2. フライパンにオリーブ油を中火で熱し、1をさっと炒める。

ビタミン・ミネラル源　たんぱく質源

しらすのおろし煮

9カ月～

（材料）

しらす干し……15g

大根おろし……20g

大根は首のほうが甘いので、使う部分を選んで。赤ちゃんは辛いと嫌がるので気をつけましょう。

（作り方）

1. しらす干しは熱湯$\frac{1}{2}$カップに5分ほどつけて塩抜きし、水気をきって粗くつぶす。
2. 鍋に1と大根おろしを入れ、弱火で2分ほど煮る。

ビタミン・ミネラル源　たんぱく質源

ゆでまぐろとオレンジのあえ物

9カ月～

（材料）

まぐろ……10g

オレンジ……10g

オレンジなどかんきつ類は、うんちをやわらかくする作用があります。

（作り方）

1. まぐろはさっとゆでる。
2. オレンジは房から実を取り出す。
3. 1と2を小さく刻んで混ぜ合わせる。

ビタミン・ミネラル源　たんぱく質源

たらとチンゲン菜の煮物

9カ月～

（材料）

たら……15g
チンゲン菜……20g
だし汁……大さじ2

たらは、甘塩ではなく、塩分を含まない生を使いましょう。

（作り方）

1. たらは皮と骨を取り除く。
2. チンゲン菜は5～7mm長さに切る。
3. 鍋に2とかぶる程度の水、だし汁を入れ、チンゲン菜がやわらかくなるまで煮る。たらを加えてさっと火を通し、火を止めたらをフォークなどでくずす。

エネルギー源　ビタミン・ミネラル源　たんぱく質源

さけとブロッコリーの落とし焼き

10カ月～

（材料）

さけ……15g
ブロッコリー……25g
小麦粉……大さじ1
植物油……少々

ブロッコリーは穂先のみでなく、茎もすべて使います。

（作り方）

1. さけは皮と骨を取り除き、粗く刻んでおく。ブロッコリーはやわらかくゆで、粗みじん切りにする。
2. ボウルに1を入れ、小麦粉を加えて混ぜる。
3. フライパンに植物油を中火で熱し、2をスプーンで1cmの大きさに落とし入れて両面を焼く。

ビタミン・ミネラル源　たんぱく質源

ぶり大根

10カ月～

（材料）

ぶり……15g
大根……25g

寒ぶり（冬のぶり）は脂がのっているので、一度湯通しするとよいでしょう。

（作り方）

1. 大根は皮をむいてやわらかくゆで、8mm～1cm角に切る。ぶりは皮を取り除く。
2. 鍋に1を入れ、かぶる程度の水を加えて弱火にかける。ぶりに火が通ったら、火を止めフォークなどで食べやすい大きさにくずす。

ビタミン・ミネラル源　たんぱく質源

カキと白菜のとろみ煮

10カ月〜

(材料)

カキ……15g
白菜……30g
水溶き片栗粉
(片栗粉：水＝1：2)……少々

消化吸収がよく、栄養豊富なカキは、加熱しても身がやわらかいので、離乳食向きの食材です。

(作り方)

1. カキは水できれいに洗い、水気をふき取って、細かく刻む。
2. 白菜は短めの細切り(繊維に対して横向きにカット)にする。
3. 鍋に2とかぶる程度の水を入れて弱めの中火にかけ、白菜がやわらかくなるまでゆでる。1を加えて火が通ったら、水溶き片栗粉を入れて手早く混ぜ、とろみをつける。

ビタミン・ミネラル源　たんぱく質源

かつおのオリーブ油焼き

11カ月〜

(材料)

かつお……15g
ズッキーニ……30g
オリーブ油……少々

かつおは血合いの部分を使いましょう。鉄分が多く含まれています。

(作り方)

1. フライパンにオリーブ油を中火で熱し、かつおを焼いて、取り出す。
2. ズッキーニは短めの細切りにし、1のフライパンでしんなりするまで炒める。
3. 1を食べやすい大きさにほぐし、2と混ぜ合わせる。

ビタミン・ミネラル源　たんぱく質源

かじきとりんごのソテー

11カ月〜

(材料)

かじき……15g
りんご……10g
オリーブ油……少々

かじきは「かじきまぐろ」と呼ばれますが、まぐろとは別種の白身魚。めかじきよりも、まかじきのほうが脂肪が少なめでおすすめです。

(作り方)

1. りんごはすりおろす。
2. フライパンにオリーブ油を中火で熱し、かじきの両面をさっと焼く。
3. 2に1と水大さじ2を入れ、かじきに火を通す。火を止め、フォークなどでかじきを食べやすい大きさにくずす。

魚介類 1~1歳半頃

パクパク期

主な食材 ゴックン期 P.85 + モグモグ期 P.86 + カミカミ期 P.89 + カミカミ期頃までの食材とほぼ同じ

あじやいわしの骨、いかやたこなど、飲み込みの心配な食材は包丁でたたいて細かくして食べやすくしましょう。

ビタミン・ミネラル源 たんぱく質源

あじのつみれ汁

1歳~

（材料）

あじ……15g
長ねぎ……30g
片栗粉……ひとつまみ

青背魚は傷みやすいので、新鮮なものを手早く調理し、できるだけ早く食べきるようにしましょう。

（作り方）

1. あじは骨を取り除き、包丁で細かく刻んで、片栗粉を混ぜる。長ねぎは薄切りにする。
2. 鍋に水½カップと1の長ねぎを入れ、長ねぎがやわらかくなるまで煮る。
3. 2に1のあじをスプーンで1cmほどの大きさに落とし入れ、火を通す。

ビタミン・ミネラル源 たんぱく質源

長いものホタテあんかけ

1歳~

（材料）

ほたて貝柱……15g
長いも……100g
水溶き片栗粉
（片栗粉：水＝1：2）……適量

（作り方）

1. 長いもは皮をむき、ラップに包んで電子レンジで3分ほど加熱する。粗熱が取れたら、ラップの上から軽くつぶして、丸め、器に盛る。
2. ほたて貝柱は細かく刻む。
3. 鍋に2と水⅓カップを入れ、弱めの中火にかける。沸騰したら水溶き片栗粉を加えて手早く混ぜ、とろみをつける。
4. 1に3をかける。

ビタミン・ミネラル源 たんぱく質源

いわしハンバーグ

1歳3カ月~

（材料）

いわし……20g
ほうれん草……40g
片栗粉……小さじ½
植物油……少々

青背魚は、アレルギーを予防したり、脳の機能を高めたりするDHAやEPAが豊富。積極的に丸ごと食べさせたい食材です。

（作り方）

1. ほうれん草はさっとゆで、みじん切りにする。いわしは骨を取り除き、細かく刻む。
2. ボウルに1と片栗粉を入れ、十分に混ぜる。
3. フライパンに植物油を中火で熱し、2を入れて両面をこんがり焼き、食べやすい大きさに切る。

ビタミン・ミネラル源　たんぱく質源

焼きさばのおくらあえ

1歳3カ月～

（材料）

さば……20g
おくら……40g

さばは湿疹が出やすい食材。新鮮なものを少量から慎重に与えましょう。

（作り方）

1. さばは塩をせずに焼き、焼き上がった身から必要分を取り分ける。
2. おくらはやわらかくゆで、縦に切り、種を取り除いて粘りが出るまで包丁でたたく。
3. 1と2を器に盛り、混ぜながら食べさせる。

ビタミン・ミネラル源　たんぱく質源

大根とあさりのすまし汁

1歳3カ月～

（材料）

大根……40g
あさり（砂抜き）……正味20g（8個程度）

あさりは加熱しすぎると固くなってしまうので注意して。

（作り方）

1. 大根は皮をむき、やわらかくゆでる。
2. 別の鍋にあさりと水$\frac{1}{2}$カップを加えて中火にかけ、あさりの口が開いたら取り出し（ゆで汁はとっておく）、身を粗く刻む。
3. 2のゆで汁に食べやすくくずした1と刻んだあさりを入れ、さっと煮る。

エネルギー源　ビタミン・ミネラル源　たんぱく質源

カキのお好み焼き

1歳3カ月～

（材料）

カキ……20g
小麦粉……大さじ4
キャベツ……40g
植物油……少々

カキは鉄分が多く、うまみもあるのでおすすめ。中心までしっかり火を通しましょう。

（作り方）

1. カキは水できれいに洗って水気をふき取り、刻む。
2. キャベツはさっとゆで、みじん切りにする。
3. ボウルに1と2、小麦粉、水大さじ2$\frac{1}{2}$を入れ、混ぜ合わせる。
4. フライパンに植物油を中火で熱し、3を流し入れて両面こんがり焼き、粗熱がとれたら食べやすい大きさに切る。

卵・乳製品

与え方・進め方に注意し、上手に活用しよう

調理のしやすい優秀食品
食物アレルギーには注意を

卵や乳製品はいずれも優秀なたんぱく質源です。下ごしらえや味付けをせずに気軽に使えてきちんと栄養がとれ、しかも比較的日持ちもするので離乳食期には強い味方。しかし、どちらも食物アレルギーの心配があるので、使い方、進め方には注意が必要です。

卵はアレルギーが出にくい卵黄の固ゆでから少しずつ与えます。卵黄のたんぱく質、脂質は消化吸収に優れ、離乳食に最適です。その後卵黄がＯＫであれば全卵を与えましょう。乳製品はモグモグ期からです。プレーンヨーグルトはなめらかなので、あえたり混ぜたり大活躍。チーズは加熱せずに使えますが、塩分や脂肪が少ないものを選びます。

生卵・半熱はNG 牛乳は1歳まで加熱を

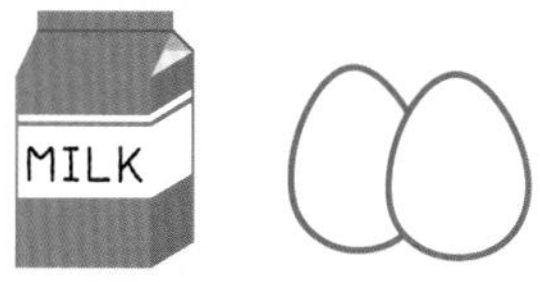

牛乳は調理用に使用するならモグモグ期からＯＫ。飲料としてはパクパク期から。卵は固ゆでで卵黄からスタート。生卵や半熟は衛生面からも離乳食期はNGです。

チーズ＆ヨーグルトは加熱なしでＯＫ

ヨーグルトはプレーンタイプに。加糖のものは糖分が多すぎるので控えます。チーズは脂肪が多いので少量だけに。カッテージチーズは脂肪や塩分が少ないので離乳食向き。

調理のエキスパート
淳子先生からのアドバイス

たんぱく質を手軽にプラス！

卵や乳製品は調理しやすく、気軽に栄養がとれる便利食材。肉や魚がないときにも、野菜に牛乳を加えてミルク煮にしたり、おかゆに粉チーズをふりかけたりするだけでたんぱく質をプラスできる頼れる助っ人食品です。

調理ワンポイント

混ぜる、加えるで 牛乳嫌いを克服

牛乳はパクパク期以降は積極的にとりたい食品。しかし牛乳をなかなか飲んでくれない赤ちゃんもいるでしょう。そのまま飲むのが苦手でもほかの調理で使えばＯＫ。クリームシチューやホットケーキミックスなどに混ぜて使ってみましょう。

卵 乳製品

6、7~8カ月頃

ゴックン・モグモグ期

主な食材  卵 

牛乳 

プレーンヨーグルト

食物アレルギーの心配がある乳製品や卵は、焦らず様子をみつつ、1さじずつ進めていきましょう。

ビタミン・ミネラル源　たんぱく質源

かぶの黄身煮

6カ月~

(材料)

かぶ……15g
固ゆで卵の黄身……小さじ1
だし汁……大さじ3

黄身の量は、離乳食の進み具合によって調整してください。

(作り方)

1. かぶは厚めに皮をむき、薄切りにする。
2. 鍋に1、だし汁、水大さじ3を入れ、やわらかくなるまで煮る。
3. 鍋からかぶを取り出してすりつぶし、2の煮汁と黄身を加えてなめらかになるまで混ぜる。

エネルギー源　ビタミン・ミネラル源　たんぱく質源

じゃがいもとグリーンピースの黄身あえ

7カ月~

(材料)

じゃがいも……45g
グリーンピース……20g
固ゆで卵の黄身……⅓個分

彩りがよく、やわらかいグリーンピースは使いやすい食材。ただし皮は固いのでむくのを忘れずに。

(作り方)

1. じゃがいもはやわらかくゆでて(ゆで汁はとっておく)、すりつぶす。
2. グリーンピースはやわらかくゆで、皮をむいてすりつぶし、1に加える。
3. 2に黄身を加えてよく混ぜ、ゆで汁でなめらかになるように調整する。

エネルギー源　ビタミン・ミネラル源　たんぱく質源

野菜のポタージュ

7カ月~

(材料)

牛乳……大さじ3弱(40ml)
玉ねぎ、にんじん
……合わせて15g
じゃがいも……30g

野菜はすべて一緒にすりつぶしてしまえば、時短になります。

(作り方)

1. にんじんとじゃがいもは皮をむく。鍋に玉ねぎとともに入れ、かぶる程度の水を加えてやわらかくなるまでゆでる。すべて取り出し、なめらかになるまですりつぶす(ゆで汁はとっておく)。
2. ゆで汁に1を戻し入れ、牛乳を加えてさっと温める。

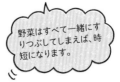

ビタミン・ミネラル源　たんぱく質源

いちごミルク

7カ月～

（材料）

牛乳……大さじ2
いちご……5g

いちごは種のある表面を削り取り、すりつぶした状態にすると、そしゃくの練習になります。牛乳は粉ミルクに変えてもOK。

（作り方）

1. いちごは裏ごしする。
2. 1を牛乳と混ぜ合わせる。

ビタミン・ミネラル源　たんぱく質源

なすのヨーグルトあえ

7カ月～

（材料）

なす……15g
プレーンヨーグルト……30～50g

ヨーグルトは牛乳アレルギーがなければOK。最初は様子をみながら与えましょう。

（作り方）

1. なすは皮をむき、ラップで包んで電子レンジで20秒ほど加熱する。粗熱がとれたら粗みじんに切る。
2. 器にプレーンヨーグルトと1を盛り、混ぜながら食べさせる。

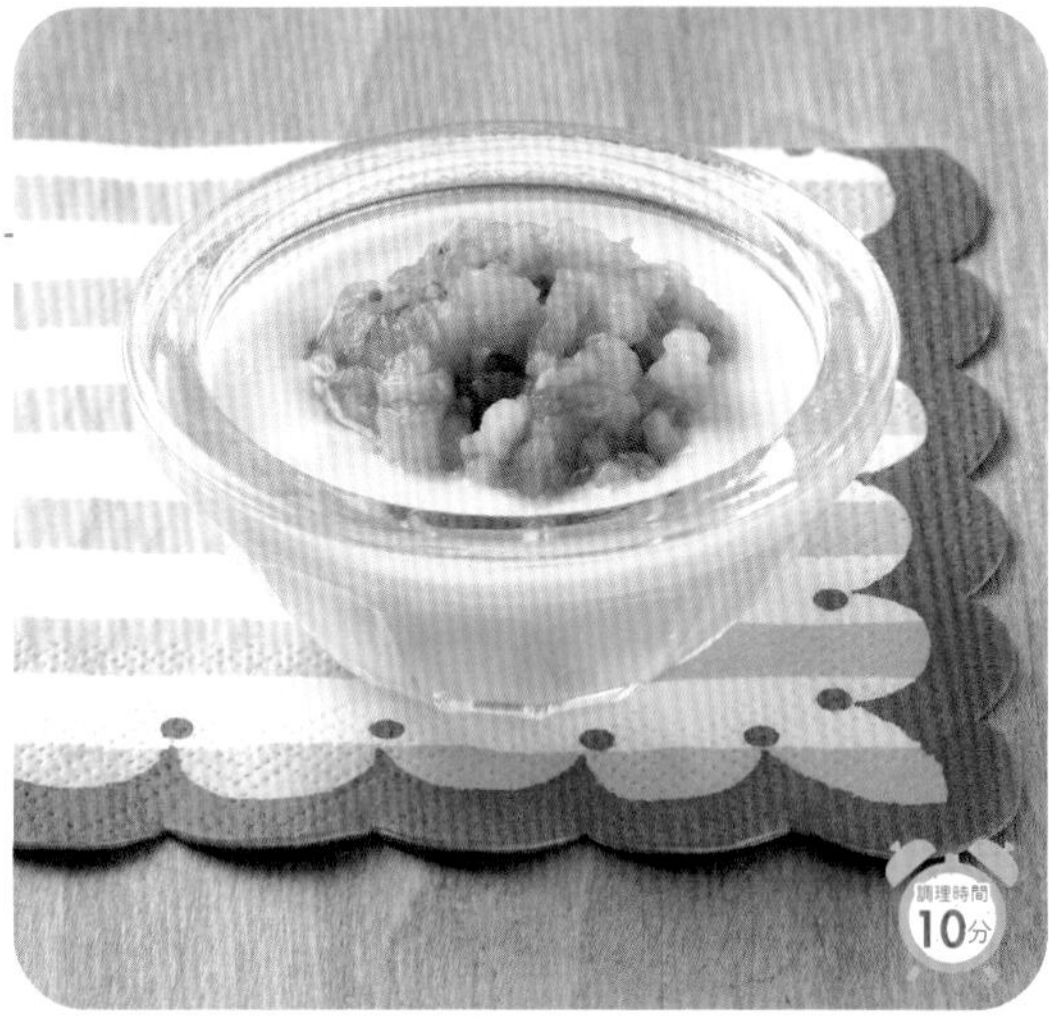

ビタミン・ミネラル源　たんぱく質源

かぼちゃの牛乳くず湯

8カ月～

（材料）

かぼちゃ……20g
牛乳……大さじ3強（50ml）
水溶き片栗粉
（片栗粉：水＝1：2）……少々

とろみがつかないようなら、再度電子レンジで10秒ほど加熱します。

（作り方）

1. かぼちゃは皮と種を取り除き、ラップで包んで電子レンジで50秒ほど加熱する。
2. 1をなめらかにすりつぶし、牛乳を混ぜ合わせる。
3. 耐熱容器に2を入れ、電子レンジで50秒ほど加熱する。水溶き片栗粉を少量加えて手早く混ぜ、とろみをつける。

ビタミン・ミネラル源　たんぱく質源

トマトときゅうりのヨーグルトあえ

8カ月〜

（材料）

トマト……15g
きゅうり……5g
プレーンヨーグルト……40〜70g

消化吸収のよいプレーンヨーグルトは離乳食向き。とろみづけにも使えます。

（作り方）

1. トマトは皮と種を取り除き、粗みじんに刻む。きゅうりは皮をむき、すりおろす。
2. トマトとプレーンヨーグルトを混ぜ合わせ、きゅうりをのせ、混ぜながら食べさせる。

ビタミン・ミネラル源　たんぱく質源

キャベツのかき玉汁

8カ月〜

（材料）

キャベツ……20g
だし汁……⅓カップ（70ml）
溶き卵……⅓個分

キャベツは年中出回っているので手に入れやすい食材。ただ、繊維質が多いので、やわらかくなるまで加熱して。

（作り方）

1. キャベツは粗みじんに刻む。
2. 鍋に1とだし汁、水大さじ3を入れ、やわらかくなるまで煮る。
3. 2に溶き卵を加え、しっかり火を通す。

ビタミン・ミネラル源　たんぱく質源

茶わん蒸し

8カ月〜

（材料）

溶き卵……⅓個分
だし汁……大さじ4
トマト……20g

茶わん蒸しとトマトを混ぜながら食べさせましょう。

（作り方）

1. 十分に溶きほぐした卵を、だし汁に混ぜる。耐熱容器に入れ、アルミホイルをかぶせ、蒸し器に入れて中火にかける。蒸気が出始めたら弱火にして、固まるまで5分ほど蒸す。
2. トマトは皮と種を取り除き、細かく刻む。蒸し上がった1にトマトをのせる。

卵 乳製品

9~11 カ月頃

カミカミ期

主な食材 ゴックン・モグモグ期 P.95 ＋  粉チーズ  スライスチーズ  バター

一部のチーズがOKに。塩分があるので、少量加えて、味のアクセントに使ってみましょう。

ビタミン・ミネラル源　たんぱく質源

アップル豆腐ヨーグルト

9 カ月〜

（材料）

りんご……10g
木綿豆腐……20g
プレーンヨーグルト……45g

離乳食に慣れてきたら、絹ごし豆腐のほかに、しっかりした口あたりの木綿豆腐も取り入れてみましょう。

（作り方）

1. りんごは皮をむいてすりおろす。
2. 耐熱容器に木綿豆腐を入れラップをかけて、電子レンジで20秒ほど加熱する。冷めたら、粗くつぶす。
3. 1と2、プレーンヨーグルトを混ぜ合わせる。

エネルギー源　ビタミン・ミネラル源　たんぱく質源

かぼちゃバナナミルク

9 カ月〜

（材料）

かぼちゃ……20g
バナナ……75g
牛乳……80ml

かぼちゃとバナナの自然な甘みが、子どもに好まれます。

（作り方）

1. かぼちゃは皮と種を取り除き、ラップをかけて電子レンジで45秒ほど加熱する。
2. 1とバナナをすりつぶし、牛乳でのばす。

ビタミン・ミネラル源　たんぱく質源

ズッキーニの粉チーズ焼き

9 カ月〜

（材料）

ズッキーニ……20g
粉チーズ……小さじ½
オリーブ油……少々

ズッキーニは歯ぐきでつぶせる固さに調理しやすい食材。どんどん利用しましょう。

（作り方）

1. ズッキーニは5㎜角に切る。
2. フライパンにオリーブ油を中火で熱し、1を炒め、水大さじ1を加えてやわらかくなるまで炒め煮にする。
3. 耐熱容器に2を入れ、粉チーズをかけ、オーブントースターで焼き色がつくまで8分ほど焼く。

エネルギー源　ビタミン・ミネラル源　たんぱく質源

小松菜のマカロニグラタン

10カ月〜

（材料）

小松菜……25g
マカロニ……17g
牛乳……大さじ4
小麦粉……小さじ1
バター……少々
粉チーズ……小さじ⅓

（作り方）

1. 小松菜はやわらかくゆで、粗みじんに刻む。マカロニもやわらかくゆでて半分に切る。
2. フライパンにバターを中火で熱し、1をさっと炒め、全体に小麦粉をふり入れて軽く混ぜ、牛乳を加える。
3. 煮立ってきたら全体をよく混ぜ、とろみがついたら耐熱皿に入れて粉チーズをかける。オーブントースターで焼き色がつくまで8分ほど焼く。

エネルギー源　たんぱく質源

さつまいもとヨーグルトのクリーム

11カ月〜

（材料）

さつまいも……80〜120g
プレーンヨーグルト……80g

プレーンヨーグルトに含まれる乳酸菌と、さつまいもに含まれる食物繊維が合わさった整腸作用バツグンの一品。

（作り方）

1. さつまいもは皮をむいてやわらかくゆで、粗くつぶす。
2. プレーンヨーグルトを器に盛り、1をのせる。混ぜながら、食べさせる。

ビタミン・ミネラル源　たんぱく質源

ゆで卵といんげんの煮物

11カ月〜

（材料）

固ゆで卵……⅓個
いんげん……30g
だし汁……大さじ2

いんげんは筋があるかどうかを確認して。筋があったら、取り除きましょう。

（作り方）

1. いんげんはやわらかくゆで、小口から刻む。だし汁に水大さじ2といんげんを入れて、3分ほど弱火で煮る。
2. ゆで卵を刻んで加え、1分ほど煮る。

ビタミン・ミネラル源　たんぱく質源

きのこと卵の炒め物

11カ月～

（材料）
きのこ（しいたけ、しめじなど）……30g
溶き卵……½個分
ごま油……少々

きのこの中でもエリンギはかみ切りづらい食材。離乳食では無理して与えなくてもいいでしょう。

（作り方）
1. きのこは粗みじんに刻む。
2. フライパンにごま油を中火で熱し、きのこを炒め、火が通ったら溶き卵を入れて、全体を混ぜながら卵に完全に火を通す。

ビタミン・ミネラル源　たんぱく質源

パプリカ入りオムレツ

11カ月～

（材料）
パプリカ……30g
溶き卵……½個分
オリーブ油……少々

パプリカの皮は固いので、ピーラーでむくと調理しやすくなります。

（作り方）
1. パプリカはピーラーで皮をむいて種を取り除き、やわらかくゆでて粗みじんに刻む。
2. 1と溶き卵を混ぜ合わせる。
3. フライパンにオリーブ油を中火で熱し、2を流し入れて焼き上げる。

ビタミン・ミネラル源　たんぱく質源

にんじんのチーズあえ

11カ月～

（材料）
にんじん……30g
スライスチーズ……10g

口あたりも味もよいスライスチーズは与えすぎてしまいがち。塩分が多いので、分量を守って。

（作り方）
1. にんじんは皮をむいてやわらかくゆで、食べやすい大きさに粗くつぶす。
2. スライスチーズは小さく刻み、1と混ぜ合わせる。

1〜1
歳半頃

パクパク期

主な食材 ゴックン・モグモグ期 P.95 ＋ カミカミ期 P.98 ＋ カミカミ期頃までの食材とほぼ同じ

まろやかな味の乳製品・卵は、赤ちゃんも好きな子が多いようです。スープやデザートなどさまざま取り入れましょう。

エネルギー源　ビタミン・ミネラル源　たんぱく質源

野菜のクリームシチュー

1歳〜

（材料）

野菜（ブロッコリー、玉ねぎ、にんじんなど）……30g
じゃがいも……40g
牛乳……大さじ4
バター……3g

小麦粉を使わなくても、すりおろしたじゃがいもでとろみづけできます。

（作り方）

1. 野菜は皮などを取り除き、鍋に入れ、具材がかぶる程度の水を加えて、やわらかく煮る。
2. いったん火を止め、鍋の中でフォークなどで野菜をくずし、牛乳と水大さじ3を加えて、弱めの中火にかける。
3. じゃがいもはすりおろし、2に加えて手早く混ぜ、とろみをつける。仕上げにバターを加える。

ビタミン・ミネラル源　たんぱく質源

牛乳入りけんちん汁

1歳〜

（材料）

長ねぎ……10g
しいたけ……20g
木綿豆腐……40g
だし汁…½カップ（100ml）
牛乳……大さじ2

牛乳が味にまろやかさを加え、塩分のとりすぎ防止になります。

（作り方）

1. 長ねぎは小口から薄切りにする。しいたけは小さめの薄切りにする。
2. 鍋にだし汁、1、水大さじ4を入れ、弱火にかける。
3. 野菜に火が通ったら木綿豆腐を加え、鍋の中で木べらなどで食べやすくくずし、牛乳を入れてさっと温める。

エネルギー源　ビタミン・ミネラル源　たんぱく質源

ヨーグルトパンケーキ

1歳〜

（材料）

プレーンヨーグルト……70g
ホットケーキミックス……50g
にんじん（すりおろし）……30g
植物油……少々

手づかみ食べにぴったり。主食やおやつとしても◎。

（作り方）

1. ボウルにホットケーキミックス、にんじんのすりおろし、プレーンヨーグルトを入れて、混ぜ合わせる。
2. フライパンに植物油を中火で熱し、1をスプーンで2〜2.5cmの大きさに落とし入れ、両面こんがり焼く。

ビタミン・ミネラル源　たんぱく質源

パプリカのチーズ炒め

1歳～

（材料）

パプリカ……30g
ピザ用チーズ……15g
オリーブ油……少々

脂肪分、塩分が多いピザ用チーズは、乳製品に慣れてきてから与えましょう。

（作り方）

1. パプリカはピーラーで皮をむいて種を取り除き、やわらかくゆで、1㎝角に切る。
2. フライパンにオリーブ油を中火で熱し、1を炒める。ピザ用チーズを加え、軽く溶けるまで炒める。

エネルギー源　たんぱく質源

コーンポタージュプリン

1歳～

（材料）

クリームコーン缶……40g
溶き卵……½個分
牛乳……大さじ1

蒸し器の代わりに、ラップをかけて電子レンジで1分ほど加熱してもOK。

（作り方）

1. クリームコーンは裏ごししてボウルに入れる。溶き卵と牛乳を加えてよく混ぜ、耐熱容器に入れる。
2. 1にアルミホイルをかぶせ、蒸し器に入れて中火にかける。蒸気が出始めたら弱火にして、固まるまで5分ほど蒸す。

ビタミン・ミネラル源　たんぱく質源

玉ねぎとブロッコリーのたまご焼き

1歳3カ月～

（材料）

玉ねぎ……10g
ブロッコリー……10g
溶き卵……⅔個分
植物油……少々

たまご焼きは手づかみ食べの練習におすすめ。卵の食べやすさと相まって、野菜嫌いな子どももすんなり食べてくれるかも。

（作り方）

1. 玉ねぎとブロッコリーはみじん切りにする。
2. 耐熱容器に1を入れてラップをかけ、電子レンジで30秒ほど加熱して粗熱をとる。
3. 2と溶き卵を混ぜ合わせる。
4. フライパンに植物油を中火で熱し、3を焼く。

ビタミン・ミネラル源　たんぱく質源

ゆで卵ときゅうりのあえ物

1歳 3カ月～

（材料）

固ゆで卵……2/3個
きゅうり……40g
だし汁……大さじ1

きゅうりの皮は赤ちゃんには固いので、むくようにしましょう。

（作り方）

1. きゅうりは皮をむき、縦半分に切って薄切りにし、さっとゆで、水気をきる。
2. ゆで卵はフォークなどで粗くつぶし、1とだし汁と混ぜ合わせる。

ビタミン・ミネラル源　たんぱく質源

かぼちゃのチーズボール

1歳 3カ月～

（材料）

かぼちゃ……40g
スライスチーズ……2/3枚

かぼちゃの甘みとチーズのほんのり塩味がグッドマッチ。チーズに含まれる脂質が、βカロテンの吸収をよくします。

（作り方）

1. かぼちゃは皮と種を取り除き、ラップで包んで電子レンジで1分15秒ほど加熱する。
2. 1の粗熱が取れたら、ラップの上からもみつぶす。
3. 小さくちぎったスライスチーズを加えて混ぜ、直径1.5cmほどに丸める。

ビタミン・ミネラル源　たんぱく質源

フルーツ入り牛乳寒天

1歳 3カ月～

（材料）

果物（いちご、オレンジなど）……50g
牛乳……1/2カップ（100ml）
粉寒天……2g
砂糖……小さじ2

1回分の目安量は、できあがり量の1/2です。

（作り方）

1. 果物は1cm弱の角切りにする。
2. 鍋に粉寒天と水1カップを入れ、十分に混ぜて、弱火にかける。混ぜながら加熱し、沸いてきたらさらに2分煮て、火を止め、砂糖と牛乳を加えて混ぜる。
3. 2に1を加え、バットなどに流し入れて固める。食べやすい大きさに切ったり、型抜きしたりする。

ムダなく使える優秀食品

豆類・乾物

栄養満点で使い勝手も抜群！いろいろな味や食感を体験させて

豆類は、植物性食品の中ではもっともたんぱく質を多く含んでいます。離乳食に向いているのは、大豆の加工食品。たとえば、豆腐、豆乳、納豆、高野豆腐、きな粉などがあります。とくに豆腐は、高たんぱく質で消化吸収がよく、丸ごと使える優秀食品。しかもやわらかく加工してあるのでゴックン期でも使いやすく便利です。ただし、豆腐は表面に雑菌がついていることもあるので、加熱殺菌をして使用しましょう。

日持ちする乾物は、素材を乾燥させているので、もとの素材そのものよりも栄養価が高いものも多く、上手に取り入れたい素材です。ただし、消化が悪いものや塩分が多いものもあるので調理法や与える量を工夫しながら活用しましょう。

きな粉

消化吸収がよいきな粉。粉末状なので、おかゆなどほかの素材に混ぜて使うだけで簡単にたんぱく質がとれてしまう便利素材。

麩

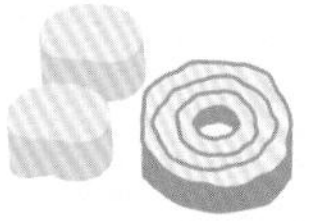

小麦粉のたんぱく質を焼いた食材。小麦アレルギーでなければ、ゴックン期から使えます。やわらかいので、固くなりがちな肉や魚が苦手な赤ちゃんにもおすすめです。

納豆

栄養価が高く消化吸収もよい納豆は優秀素材。のどごしがよいので、細かくしてさまざまな素材と混ぜると食べやすくなります。加熱するのを忘れずに。

＼調理のエキスパート
淳子先生からのアドバイス／

納豆は離乳食に最適！

納豆は赤ちゃんが好んで食べる素材のひとつ。発酵食品でもある納豆は、さまざまな酵素を含み、大豆よりも栄養価が高く、消化もよいので離乳食に最適な食材といえるでしょう。汁物などに入れてもとろみが出ますよ。

調理ワンポイント

高野豆腐はすりおろし粉末にすると使い勝手が◎

たんぱく質を多く含み、栄養価の高い大豆加工食品でもある高野豆腐は長期保存も可能なので常備しておくと便利。乾燥した状態ですりおろして粉末状にすると、さまざまな料理に使えます。パン粉の代わりにつなぎとして使うのもおすすめ！

高野豆腐の上手な使い方

↓

すりおろして粉末にしハンバーグのつなぎに！

豆類
乾物

5~6
カ月頃

ゴックン期

主な食材  豆腐  きな粉  豆乳(無調整)  高野豆腐

良質な植物性たんぱく質やカルシウムも含む豆腐からスタート。口あたりもよく、消化吸収もよい優良食品です。

ビタミン・ミネラル源 たんぱく質源

にんじんの白あえ

5カ月～

(材料)

にんじん……5～10g
絹ごし豆腐……5～25g

苦手な野菜も、豆腐と合わせると味がまろやかになり、食べやすくなります。

(作り方)

1. にんじんは皮をむき、やわらかくゆでて、なめらかにすりつぶす。
2. 絹ごし豆腐はさっとゆでてすりつぶし、1と混ぜ合わせる。

ビタミン・ミネラル源 たんぱく質源

りんご豆腐

5カ月～

(材料)

りんご……5～10g
絹ごし豆腐……20g

豆腐をすりつぶしたときに感じるくせ(苦み)がりんごの香りと甘さで包まれ、食べやすくなります。

(作り方)

1. りんごは皮をむき、やわらかくゆでて、なめらかにすりつぶす。
2. 絹ごし豆腐はさっとゆでてすりつぶし、1と混ぜ合わせる。

エネルギー源 たんぱく質源

豆乳とさつまいものとろとろ

5カ月～

(材料)

豆乳(無調整)……5～10g
さつまいも……5～20g

調整豆乳には調味料や果汁などが加えられているので、離乳食には無調整豆乳を使うのがベター。

(作り方)

1. さつまいもは皮をむき、水からやわらかくゆで、すりつぶす。
2. 1に豆乳を加え、均一になるまで混ぜ合わせる。

ビタミン・ミネラル源 たんぱく質源

きな粉ブロッコリー

5カ月～

（材料）

きな粉
……ひとつまみ～小さじ½
ブロッコリー……5～10g

きな粉は香りが高いので風味付けにぴったり！

（作り方）

1. ブロッコリーはやわらかくゆで、穂先のみを切り、なめらかにすりつぶす。
2. 1にきな粉を加えて混ぜ合わせ、湯適量（分量外）でなめらかになるように調整する。

ビタミン・ミネラル源 たんぱく質源

玉ねぎときな粉のとろとろ

5カ月～

（材料）

玉ねぎ……5～10g
きな粉……小さじ½

むせないよう、きな粉の粉っぽさがなくなるまでしっかり混ぜましょう。

（作り方）

1. 玉ねぎはやわらかくゆでる。
2. 1を裏ごしするか、なめらかにすりつぶし、きな粉を加えて混ぜ合わせる。

ビタミン・ミネラル源 たんぱく質源

かぼちゃと高野豆腐のくず湯

5カ月～

（材料）

かぼちゃ……5～10g
高野豆腐（すりおろし）
……ひとつまみ～小さじ½
水溶き片栗粉
（片栗粉：水＝1：2）……少々

とろみがつかないようであれば、再度電子レンジで10秒ほど加熱する。

（作り方）

1. かぼちゃは皮と種を取り除き、やわらかくゆでる。
2. 1をなめらかにすりつぶし、高野豆腐と水大さじ1を加えて混ぜ、電子レンジで20秒ほど加熱する。
3. 2に水溶き片栗粉を加えて手早く混ぜ、とろみをつける。

7〜8カ月頃 モグモグ期

主な食材　ゴックン期 P.105 ＋

納豆

麩

焼きのり

青のり

栄養価の高い納豆、ビタミンやミネラルが豊富なのりもOKに。小麦粉アレルギーの心配がある麩は様子をみて。

ビタミン・ミネラル源　たんぱく質源

おろしきゅうりの納豆あえ　7カ月〜

（材料）
きゅうり……15g
ひきわり納豆……12g

（作り方）
1. きゅうりは皮をむき、すりおろす。
2. ひきわり納豆は耐熱容器に入れ、電子レンジで15秒ほど加熱する。
3. 1と2を混ぜ合わせる。

納豆は少なくともゴックン期は加熱して、消化しやすくして(電子レンジ加熱でも、煮るのでもOK)。モグモグ期は加熱するかしないかは様子をみながら。慣れてきたら、パクパク期以降は加熱しなくてもOKです。

ビタミン・ミネラル源　たんぱく質源

豆乳とほうれん草のとろとろ　7カ月〜

（材料）
豆乳（無調整）……大さじ2
ほうれん草（葉）……15g
だし汁……¼カップ（50ml）
水溶き片栗粉（片栗粉：水＝1：2）……少々

（作り方）
1. ほうれん草の葉はやわらかくゆで、みじん切りにする。
2. 鍋に1と豆乳、だし汁を入れて火にかける。沸いたら水溶き片栗粉を加え、手早く混ぜてとろみをつける。

牛乳は苦手でも、豆乳なら大丈夫という子どももいます。試してみましょう。

ビタミン・ミネラル源　たんぱく質源

ももの白あえ　7カ月〜

（材料）
もも……5g
絹ごし豆腐……30g

（作り方）
1. ももは皮と種を取り除き、細かく刻む。
2. 絹ごし豆腐はさっとゆでて冷まし、細かくすりつぶす。
3. 1と2を混ぜ合わせる。

ももはアレルギー予防の面から、加熱(電子レンジ加熱でOK)してから使うと安心です。

たんぱく質源

豆腐のだしあんかけ

8カ月〜

（材料）

木綿豆腐……40g
だし汁……¼カップ（50ml）
水溶き片栗粉
（片栗粉：水＝1：2）……少々

とろみがつかないようであれば、再度電子レンジで10秒ほど加熱します。

（作り方）

1. 木綿豆腐はさっとゆで、軽くくずして器に盛る。
2. 耐熱容器にだし汁を入れ、電子レンジで1分ほど加熱し、水溶き片栗粉を加えて手早く混ぜ、とろみをつけて1にかける。

ビタミン・ミネラル源　たんぱく質源

高野豆腐とチンゲン菜のうま煮

8カ月〜

（材料）

高野豆腐（すりおろし）……小さじ1
チンゲン菜……20g
だし汁……¼カップ（50ml）

（作り方）

1. チンゲン菜はやわらかくゆで、粗みじんに刻む。
2. 鍋にだし汁、1、高野豆腐を入れ、弱火で1分ほど煮る。

ビタミン・ミネラル源　たんぱく質源

麩と長ねぎのバター煮

8カ月〜

（材料）

麩……2個
長ねぎ……20g
バター……少々

麩は消化のよいたんぱく質。長期保存もできるので、常備しておくと便利です。

（作り方）

1. 長ねぎはみじん切りにする。
2. 鍋に1と水½カップ、バターを入れ、弱火で5分ほど煮る。
3. 2に細かくくずした麩を入れ、さらに2分ほど煮る。

9〜11カ月頃 カミカミ期

主な食材 ゴックン期 P.105 ＋ モグモグ期 P.107 ＋  大豆水煮  ひじき

栄養バランスが気になる時期。栄養価の高い乾物や、良質なたんぱく質を多く含む大豆製品を上手に取り入れて。

ビタミン・ミネラル源　たんぱく質源

大根と鶏肉の豆乳煮

9カ月〜

（材料）

大根……20g
鶏むね肉……10g
豆乳（無調整）……大さじ1〜2

大根が苦手なら、大根の代わりにかぶを使ってもOK。かぶは煮ると甘くなるので赤ちゃん好みの食材です。

（作り方）

1. 大根は皮をむいてやわらかくゆで、フォークなどで食べやすくくずす。鶏むね肉は皮と脂を取り除き、5mm幅に刻む。
2. 鍋に1とかぶる程度の水を入れて弱めの中火にかけ、鶏むね肉に火が通ったら、豆乳を加えてさっと煮る。

ビタミン・ミネラル源　たんぱく質源

納豆とほうれん草の炒め物

9カ月〜

（材料）

納豆……18g
ほうれん草……20g
植物油……少々

カミカミ期になったら、ひきわり納豆でなくてもOK。加熱するとやわらかく、食べやすくなります。

（作り方）

1. ほうれん草はやわらかくゆで、小口から5mm幅に切る。
2. フライパンに植物油を中火で熱し、1を炒める。納豆を加え、さっと混ぜる。

ビタミン・ミネラル源　たんぱく質源

ゆで野菜の豆腐ソース

10カ月〜

（材料）

にんじん……10g
ブロッコリー……15g
絹ごし豆腐……30〜45g
だし汁……小さじ1

ブロッコリーは穂先のみでなく、茎もすべて使います。

（作り方）

1. にんじんは皮をむき、ブロッコリーとともにやわらかくゆでる。食べやすい大きさにくずし、器に盛る。
2. 絹ごし豆腐はさっとゆでて裏ごし、だし汁を混ぜ合わせて、1に添える。

たんぱく質源

豆腐とおかかのごま油炒め 11カ月～

（材料）

木綿豆腐……45g
かつおぶし……2つまみ
ごま油……少々

豆腐はそしゃくの練習にぴったりの食材。さまざまな大きさや形態を試してみましょう。

（作り方）

1. フライパンにごま油を中火で熱し、豆腐を加えて食べやすい大きさにくずしながら炒める。
2. かつおぶしを入れ、全体をよく混ぜる。

ビタミン・ミネラル源　たんぱく質源

高野豆腐と小松菜のとろみ煮 11カ月～

（材料）

高野豆腐……⅓枚（5g）
小松菜……30g
だし汁…½カップ（100ml）
水溶き片栗粉
（片栗粉：水＝1：2）……少々

長期保存できる高野豆腐は常備しておきたい食材のひとつ。

（作り方）

1. 高野豆腐は水で戻し、粗みじんに刻む。小松菜は5～7mm幅に刻む。
2. 鍋に1とだし汁、水大さじ4を入れ、弱火にかけて5分ほど煮る。
3. 仕上げに水溶き片栗粉を加え、手早く混ぜてとろみをつける。

エネルギー源　ビタミン・ミネラル源　たんぱく質源

麩入り野菜ソーセージ 11カ月～

（材料）

麩……3個
にんじん……10g
ほうれん草……20g
小麦粉……大さじ½
植物油……少々

麩は良質のたんぱく質を含んだ食材です。保存性も高いのでストックしておくと便利。

（作り方）

1. にんじんは皮をむいてすりおろす。ほうれん草はやわらかくゆで、小口から刻む。
2. ボウルに1とくずした麩を入れて混ぜ合わせ、しばらくおく。麩がふやけたら、小麦粉を加えて混ぜ合わせる。
3. フライパンに植物油を中火で熱し、2を1～1.5cmのだ円形に丸めて落とし入れ、両面こんがり焼き上げる。

1~1
歳半頃

パクパク期

主な食材　ゴックン期 P.105 ＋ モグモグ期 P.107 ＋ カミカミ期 P.109 ＋ カミカミ期頃までの食材とほぼ同じ

ほぼすべての大豆製品や乾物が調理次第でOKに。使い勝手のよい食材なので、いろいろ試してみましょう。

エネルギー源　ビタミン・ミネラル源　たんぱく質源

マカロニと野菜の豆乳グラタン　1歳～

（材料）

マカロニ……30g
きのこ（しいたけ、しめじなど）……20g
玉ねぎ……10g
豆乳（無調整）……⅓カップ（70ml）
小麦粉……大さじ1
バター……3g

（作り方）

1. マカロニはやわらかくゆで、長さを半分に切る。
2. きのこと玉ねぎはみじん切りにする。
3. 鍋にバターを入れ、中火で2を炒める。しんなりしてきたら、小麦粉を全体にふり入れてさっと混ぜ、豆乳と水大さじ1を加えとろみがつくまで煮る。
4. マカロニを加えて混ぜ、耐熱容器に入れてオーブントースターで焼き色がつくまで7～8分焼く。

エネルギー源　ビタミン・ミネラル源　たんぱく質源

大豆とブロッコリーのお焼き　1歳～

（材料）

ゆで大豆……15g
ブロッコリー……20g
小麦粉……大さじ5
植物油……少々

（作り方）

1. ブロッコリーはやわらかくゆで、刻む。ゆで大豆は皮をむき、刻む。
2. ボウルに1と小麦粉、水大さじ4を加え、混ぜ合わせる。
3. フライパンに植物油を中火で熱し、2を流し入れて両面をこんがり焼き、食べやすい大きさに切る。

お焼きにすると、豆も誤嚥(ごえん)の心配がなく安心して食べさせられます。手づかみ食べにぴったり。おすすめです。

ビタミン・ミネラル源　たんぱく質源

かぼちゃのソテー きな粉ヨーグルト　1歳～

（材料）

かぼちゃ……30g
きな粉……小さじ1
プレーンヨーグルト……60g
バター……2g

かぼちゃときな粉ヨーグルトを混ぜながら食べさせましょう。

（作り方）

1. かぼちゃは皮と種を取り除き、ラップで包んで電子レンジで1分ほど加熱する。粗熱が取れたら1cm角に切る。
2. プレーンヨーグルトときな粉をしっかり混ぜ合わせ、器に盛る。
3. フライパンにバターを入れて中火にかけ、1を炒めて2にのせる。

ビタミン・ミネラル源　たんぱく質源

豆腐ステーキ野菜ソース

1歳〜

（材料）

木綿豆腐……50g
かぼちゃ……30g
ごま油……少々

かぼちゃのソースは甘みがあって、赤ちゃん好み。苦手な食材にかけてあげてもグッド。

（作り方）

1. かぼちゃは皮と種を取り除き、ラップで包んで電子レンジで1分ほど加熱する。
2. 1をなめらかにすりつぶし、湯適量（分量外）でソース状に固さを調整する。
3. 木綿豆腐は食べやすい大きさに切る。
4. フライパンにごま油を中火で熱し、3を両面焼き目がつくまで焼く。器に盛って2をかける。

ビタミン・ミネラル源　たんぱく質源

りんご煎り豆腐

1歳〜

（材料）

木綿豆腐……50g
りんご……10g
バター……2g

りんごは加熱すると、整腸作用のある食物繊維ペクチンの作用が増します。

（作り方）

1. りんごは皮をむき、小さめの薄切りにする。
2. 鍋に1とバターを入れて弱火にかけ、さっと炒める。
3. 木綿豆腐を加え、くずしながらさらに1分ほど炒める。

たんぱく質源

麩のラスク

1歳〜

（材料）

麩……3個
砂糖……2つまみ

焦げやすいので注意。様子をみながら焼きましょう。

（作り方）

麩に砂糖をふり、オーブントースターで4〜5分焼く。

ビタミン・ミネラル源　たんぱく質源

豆腐のたまごとじ

1歳3カ月～

（材料）

絹ごし豆腐……30g
溶き卵……1/3個分
いんげん……40g
だし汁……1/3カップ（70ml）

（作り方）

1. いんげんは小口から薄く刻み、だし汁とともに鍋に入れて、弱火でやわらかくなるまで煮る。
2. 絹ごし豆腐をくずしながら加えてさっと煮て、溶き卵を加えて、卵に完全に火を通す。

いんげんは食べにくい食材ですが、卵と豆腐でとじるとふわふわとして、食べやすくなります。

エネルギー源　ビタミン・ミネラル源　たんぱく質源

納豆と小松菜のかき揚げ

1歳3カ月～

（材料）

納豆……22g
小松菜……40g
小麦粉……大さじ2
揚げ油……適量

（作り方）

1. 小松菜は粗みじんに刻む。
2. ボウルに1と納豆、小麦粉、水小さじ1を入れて混ぜ合わせる。
3. 中温の揚げ油に2をひと口大に落とし入れ、こんがりと揚げる。

揚げ油の中温とは170～180度のこと。さいばしの先を油に入れたとき、はし全体から細かい泡が出る程度です。

ビタミン・ミネラル源　たんぱく質源

高野豆腐の和風トマト煮

1歳3カ月～

（材料）

高野豆腐……8g
トマトジュース（無塩）……1/2カップ（100ml）
玉ねぎ……30g
だし汁……1/4カップ（50ml）
オリーブ油……少々

（作り方）

1. 高野豆腐は水で戻し、粗みじんに刻む。玉ねぎはみじん切りにする。
2. フライパンにオリーブ油を中火で熱し、1の玉ねぎをさっと炒める。
3. 1の高野豆腐とトマトジュース、だし汁を加え、弱火で5分ほど煮る。

トマトジュースがなければ、トマトの水煮缶を使ってもOK。

赤ちゃんが大好きなビタミン・ミネラル源

果物

糖分を多く含む果物は過剰摂取に気をつけて

ビタミンやミネラル、食物繊維が豊富な果物。独特の香りや甘みがあり、赤ちゃんも大好きな食材のひとつです。みかんやオレンジなどのかんきつ類に含まれるビタミンCやクエン酸は、体内で吸収されにくいとされる植物性食品に含まれる鉄の成分「非ヘム鉄」を吸収されやすくしてくれます。

ほとんどの果物は、繊維を取り除き、赤ちゃんが飲み込める固さにすれば、ゴックン期から使えます。しかし、糖分を多く含んでいるので、離乳食期では適量を心がけ、ビタミン・ミネラルは野菜と果物からバランスよくとるように心がけましょう。また、バナナは果物でビタミン・ミネラル源の食材ですが、炭水化物を多く含むのでエネルギー源にもなります。

与える時期に注意する果物

パイナップル　アボカド

グレープフルーツ　ドライフルーツ

口の中を刺激する成分を含むパイナップルは加熱し、糖分が多いドライフルーツは9カ月以降から。アボカドは7カ月からOKですが、脂肪が多いのでごく少量に。

ゴックン期からOK

りんご　みかん　いちご

ぶどう　さくらんぼ　キウイフルーツ

りんごやみかん、ぶどうなど、多くの果物はゴックン期から与えることができます。ただし、アレルギー予防のためには、まずは加熱して使うほうが安心です。

調理のエキスパート
淳子先生からのアドバイス

果物に頼りすぎるのは禁物

果物はつい野菜の代わりとして使いたくなりますが、赤ちゃんが果物の甘みに慣れすぎてほかの食材を食べなくなってしまうこともあるので頼りすぎには注意。病気のときや、離乳食の中だるみしたときの救済策として上手に活用しましょう。

調理ワンポイント

肉と一緒に調理するとうまみも食べやすさもUP

果物は離乳食初期は加熱して与えると安心です。バナナやりんごは加熱すると甘みもUPします。また果物には肉をやわらかくする効果があるので、肉などと合わせて調理するのもグッド。果物のうまみが加わることでより食べやすくなります。

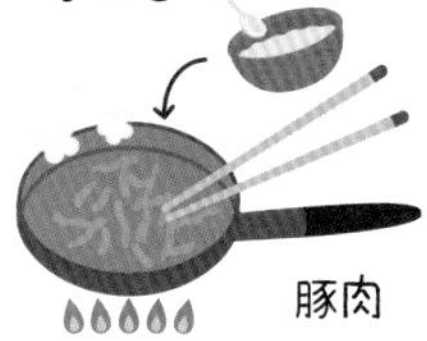

豚肉とりんごのソテー

豚肉を細かく刻み、すりおろしたりんごとソテーに。

Part 3

楽ちん！
アイデア離乳食

毎日のこととなると、レパートリーがマンネリになってきたり、
面倒くさくなったりするもの。
ママ＆パパのストレスを軽くして、離乳食作りに楽しんで取り組めるように
さまざまなアイデアを集めました。

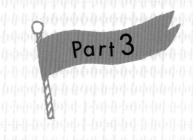

お役立ち時短テクニック

／ムダを省いてパパッと調理／

毎日の離乳食作りをもっと楽においしく作りたい。そんな願いをかなえる時短アイデアを紹介。

手間を少なくして家電や便利食材を賢く使おう

離乳食期の赤ちゃんは、お世話も大変。できるだけ調理にかける時間は短縮したいものです。離乳食の時短テクニックの考え方は、「どうしたら短時間で作れるか」よりも、「どうやって手間を省くか」がポイント。たとえば、じゃがいもは皮つきのままゆでれば、皮がむきやすくなり、ピーラーなどを洗う手間も減らせます。さらに、「放っておく」もキーワード。電子レンジや炊飯器など、放っておいても調理ができる家電を使うなど、手間を省く方法を考えてみましょう。また、たくさんの食材をすべて一から別々に調理をするのは大変です。たくさんの食材も一気に調理ができるような工夫をし、時短できた分、赤ちゃんや家族とのふれあう時間に使えるよう、労力とストレスを減らす発想も大切です。

「時短調理」5つのポイント

1 ムダな作業をしない。手を広げない

料理はつい作業の範囲を広げがちですが、時期によっては皮をむかない、裏ごししないなど、「～しない」方法を考えると労力の省エネに！

2 手間のかからない食材を選ぶ

骨や皮を取り除く必要のない刺し身を加熱調理して与えたり、すりつぶしやすい豆腐を使ったりするなど、調理のしやすい食材を選ぶと時短になります。

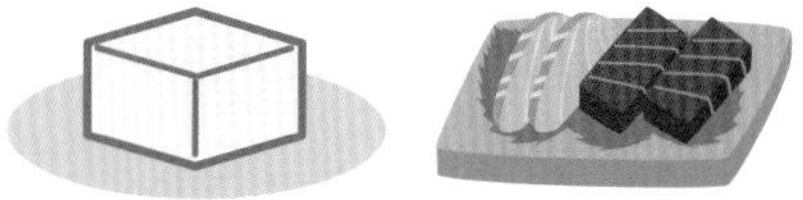

3 保存は一緒にまとめて解凍も楽ちんに

「一緒に」「まとめて」も時短の重要なキーワード。とくによく使う食材は刻んで一緒に冷凍保存しておけば、解凍も一度にまとめてできます。

4 ほったらかしOKの調理法を選ぶ

鍋ひとつで完成する調理法や、電子レンジや炊飯器、保温調理器など、放っておける家電は大いに利用しましょう。

5 便利グッズを上手に取り入れよう

調理に便利なアイデアグッズやベビーフード(→P.132)は、必要に応じて上手に取り入れましょう。調理が楽になるものだけでなく、お手入れのしやすさも重視して。

ほったらかしOK！の便利家電

電子レンジの超活用法

電子レンジは「放っておいても調理ができる」究極の便利アイテム！

電子レンジで調理すれば あと片付けも楽ちん！

電子レンジは煮物や蒸し物、炒め物風などの調理も可能。耐熱皿で調理し、そのまま食卓に出すこともできます。また火を使わないので赤ちゃんが台所に入ってきても安心。

5倍がゆ ご飯30g＋水60ml＝出来上がり量約70g

軟飯 ご飯60g＋水60ml＝出来上がり量約80g

おかゆも電子レンジで！

上記の材料を大きめの耐熱ボウルに入れて、電子レンジで加熱（5倍がゆ＝約3分、軟飯＝約4分）し、ラップや皿などでふたをして10分蒸らせば、簡単におかゆが作れます。オートミールも電子レンジがおすすめ！

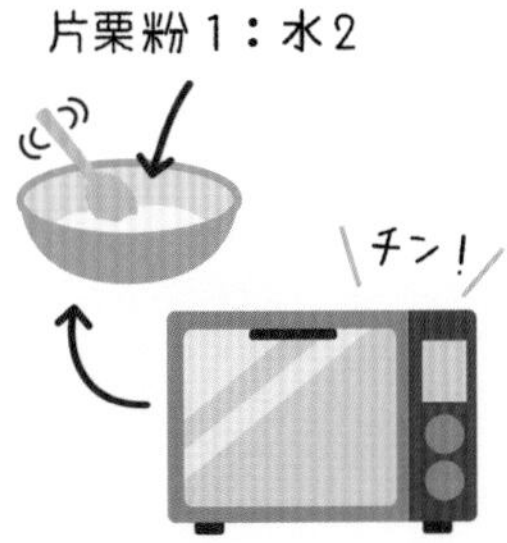

とろみづけも鍋いらず！

とろみを少量作るなら電子レンジが便利。電子レンジで熱々になるまで加熱した湯、だし汁などに水溶き片栗粉を少量入れて、手早く混ぜるととろみが完成。とろみがつかないようなら、さらに電子レンジで10秒ほど加熱し、手早く混ぜましょう。

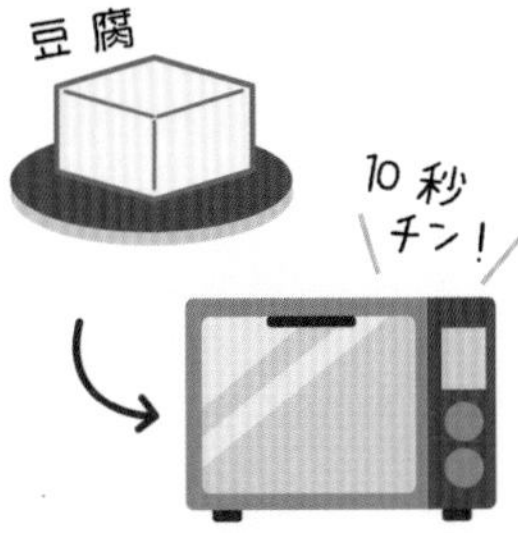

豆腐の表面を 電子レンジで楽々除菌

豆腐は表面に雑菌がついていることがあるので、一度火を通してから使うのがおすすめ。電子レンジならキッチンペーパーで包んで10秒ほどチンするだけで、簡単に除菌ができ、同時に水切りもできます。

野菜の栄養を残して 短時間でやわらかく

煮えにくい根菜類も、電子レンジを使えば簡単にやわらかくなります。加熱時間が短いので栄養が壊れにくいメリットも。コンロの前に立ち続ける時間も労力も短縮できて一石二鳥！

まだある！ 離乳食作りの強い味方

時短！ ラクラク調理グッズの活用法

面倒な下ごしらえや調理もコレを使えばグッとスムーズに！ 便利な時短アイテムを紹介。

おろし器

冷凍のままで使えば時短に

冷凍の鶏ささ身やパンを細かくするとき、凍ったままですりおろすと時短に。野菜を生のまま直接鍋にすりおろして使ってもOK。

手持ちつきザル

野菜などを別ゆでするときに

手持ちのついた小さめのザルはパスタをゆでるときなど、切った野菜をザルに入れ、鍋にザルごと入れれば別ゆでができ便利。

キッチンばさみ

めんも野菜もサクサク刻める

キッチンばさみで長いめん類や肉類などを切ると楽ちん。葉物野菜は包丁＆まな板いらずで、簡単にみじん切りもできます。

フードプロセッサー

みじん切りもあっという間！

中にある刃が高速回転し、野菜を一瞬でみじん切りに。いくつかの食材を同時に下ごしらえするときなどにも役立ちます。

ハンディプロセッサー

とろとろのスープが一瞬で！

食材を細かくつぶしてなめらかにでき、おかゆやスープも簡単にできます。 鍋の中に直接入れて使え、洗い物も減らせます。

スライサー

細切りも薄切りもこれ一本

野菜を細切りするときなどにはスライサーがあると便利。刃の細さ、大きさに合わせていろいろな太さに切ることができます。

ピーラー

少量の薄切りも簡単に

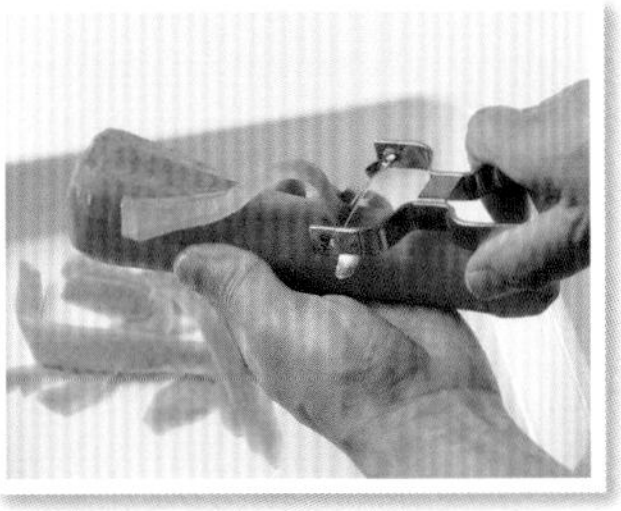

野菜の皮をむくだけでなく、野菜を薄くスライスするときなどにも使えます。さっと取り出せてお手入れも楽なのがグッド！

フォーク

お手軽な時短アイテム

フォークも立派な時短アイテム。やわらかくゆでた少量の野菜をつぶすときなどは、すり鉢やマッシャーよりもフォークが便利。

ゆで卵カッター

卵だけでなく野菜も使える

ゆで卵を切るときだけでなく、ゆでた野菜を切るときにも使えます。一度に同じ大きさに切れるので、手づかみ食べ用にも！

電子レンジ用圧力鍋

下ごしらえから煮込みもOK

圧力鍋の機能を電子レンジでできる調理器具。野菜も丸ごとやわらかくなり、煮込み料理も電子レンジに入れて放っておけば完成。

シリコンスチーマー

電子レンジ調理に便利

電子レンジで手軽に調理できるシリコン製の料理道具。食材をやわらかくするだけでなく、煮る、焼くなど、さまざまな調理が可能。

泡立て器

ゴックン期に大活躍

おかゆにほかの食材を混ぜるときには小さめの泡立て器がおすすめ。やわらかくしたおかゆや野菜もさらに粒が細かくなります。

先輩ママ&パパの時短テク

根菜は炊飯器で丸ごとやわらかく

ご飯やおかゆを炊飯器で炊くときに、にんじんやじゃがいもを皮つきのまま丸ごとアルミホイルで包んで入れて一緒に炊きます。野菜がものすごくやわらかくなりますよ！

(兵庫県／O.Mさん)

炊飯器を使っておかゆとご飯を同時調理

ご飯を炊くときに、耐熱容器に米と10倍の水を入れ、炊飯器の中央に入れてスイッチオン！ 炊き上がるとおかゆも完成。米を細かく砕いてから炊くとすりつぶすのも楽です。

(宮城県／T.Aさん)

うどんはおわんの中で離乳食用はさみでカット

離乳食用はさみを使えば、うどんやおかずを取り皿の中に入れたままで細かくカットできるので、包丁＆まな板いらず。切れ味もよく衛生的。外食時にも使えて便利ですよ！

(東京都／S.Mさん)

※炊飯器を使った時短テクは製品により対応しておらず、推奨されていないものもあります。取扱説明書をご確認ください。

毎日の離乳食作りが圧倒的に楽に！
フリージングの基本テクニック

毎日少量ずつ離乳食を作るのは大変。そんな離乳食の悩みを解決してくれるフリージングのポイントを紹介！

●フリージングの基本ルール●

フリージングのコツを押さえれば、フレッシュでおいしい離乳食が簡単に！

1 フリージングは鮮度が高いうちに

食材は冷蔵していても時間とともに鮮度が落ち、栄養も損なわれていきます。冷凍保存するときは、新鮮な食材を選び、できるだけ買った日のうちに正しい方法でフリージングを。

2 冷凍庫に入れるときはよく冷ましてから

食材は必ず加熱してから冷凍を。また、加熱処理をしたあとは、食材を完全に冷ましてから冷凍しましょう。温かいままだと、冷凍庫の温度が上がり、雑菌が繁殖しやすくなります。

3 1回分の食べる量に合わせて小分けする

食材は1回食べる量ずつ小分けしてフリージングしましょう。使うとき、食べる分だけ解凍できるので調理スピードもアップ。食材の鮮度も保たれます。

4 できるだけ短時間で冷凍する

ゆっくり冷凍すると、食材の細胞が壊れ、雑菌が繁殖しやすくなり、栄養やうまみも失われます。急速冷凍には熱伝導率のいい金属性バットを使うと効果的。

5 水分と空気を十分抜いて密閉状態で冷凍する

食材は空気に触れているとパサつき、酸化します。また水分が残っていると霜がつきやすく、うまみや食感もダウン。しっかり水気と空気を抜いて密封を。

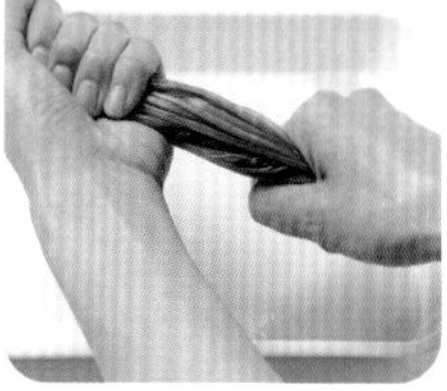

冷凍に向かない食材もある

レタスやきゅうりなどの生野菜は、冷凍をすると食材の水分が出て風味が落ちるため、冷凍には不向き。じゃがいもなどのでんぷん質、卵黄（卵白はOK）、もやしなども冷凍には向かない食材です。

●解凍の基本ルール●

おいしく安全にいただくために、解凍の基本を覚えましょう。

1 フリージング後は必ず再加熱して使用

ゆっくり自然解凍をすると雑菌が繁殖しやすくなるので、凍ったまま電子レンジで加熱処理をして使用するか、汁気の多い料理なら凍ったままの食材を加えて加熱します。魚や肉は再加熱をすると固くなるので、生のまま冷凍し解凍後に加熱して使います。

2 加熱するときに少量の水分を加える

解凍するときに、水分が少ない食材を電子レンジで再加熱すると、パサついて食感が失われてしまいます。少量の水やスープなどで水分を与えてから加熱＆解凍しましょう。

3 電子レンジを使うなら加熱時間を短めに

1回分が少量の離乳食は、電子レンジで解凍する際加熱しすぎると、固くなってしまいます。加熱時間は設定を短めにし、少しずつ加熱しましょう。

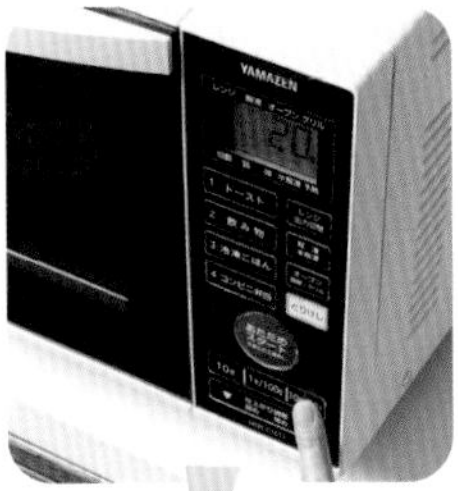

4 1週間を目安に使い切る

離乳食は傷みやすく、冷凍する期間が長いほど味も落ちるので、1週間を目安に使い切ります。食材と冷凍した日付を記入しておくとわかりやすくなります。

5 解凍したものは再冷凍しない

解凍した食材を再度冷凍するのはNG。傷みやすくなり、不衛生で味も落ちます。フリージングした食材を使ったメニューを冷凍するのも厳禁です。

食べ残しは冷凍しない！

赤ちゃんはきまぐれで、離乳食をあまり食べたがらない日もあるでしょう。でも、赤ちゃんが食べきれずに残したメニューを冷凍するのは×。食べ残しには赤ちゃんのだ液がついているので、雑菌が繁殖しやすく衛生的にNG。

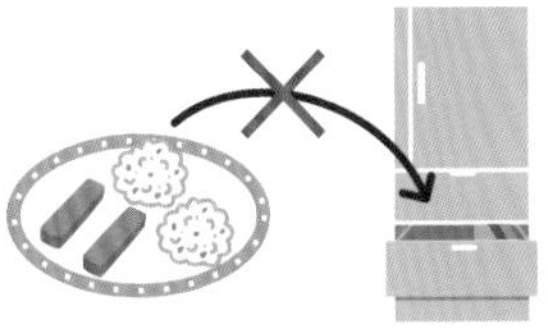

フリージング小分けテクニック

【製氷皿】

だしやスープのほか、なめらかで粒が細かい形状の食材には製氷皿が便利。凍ったら取り出し、密閉容器で保存します。

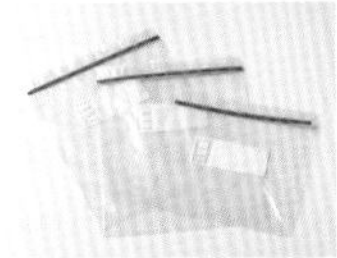

【フリーザーバッグ】

食材をまとめて冷凍するときに、薄く平らに冷凍できるので便利。大・中・小とサイズを使い分けられます。

【ラップ】

水分が少ない食材を1回分ずつ小分けするならラップがピッタリ。板状にしたり、きんちゃく包みにもできます。

【ミニサイズの小分け容器】

1回量ずつ保存するならふた付きの小分け密閉容器が便利。そのまま電子レンジで加熱できる耐熱性の容器がおすすめ。

アレンジ自在！食材&時期別

フリージングの簡単テクニック

適切な方法でフリージングしておけば、いつでも手軽に離乳食ができます。

ほうれん草

ゴックン期

ほうれん草は葉先だけやわらかくゆで、なめらかにすりつぶし、1回分(10～15g)ずつ製氷皿に入れて冷凍。冷凍後は製氷皿から外してフリーザーバッグなどに入れて保存する。

モグモグ期

ほうれん草の葉先をやわらかくゆでてみじん切りにし、フリーザーバッグに入れ、薄く平らな形状にして冷凍。1回分(15～20g)ずつ割って使用。

カミカミ期

ほうれん草をやわらかくゆでて粗いみじん切りにする。1回分ずつ小分けにし、小分け容器に入れるかラップに包んで冷凍。1回分はゆであがり20～30gが目安。

パクパク期

ほうれん草をやわらかくゆでて棒状のまま水気をきってラップに包んで冷凍。解凍後は1回分ゆであがり40gを切って使う。

にんじん

ゴックン期

にんじんはやわらかくゆでてなめらかにすりつぶし、フリーザーバッグに入れ、薄く平らな形状にして冷凍。使うときは1回分(10～15g)ずつ割って使用。

モグモグ期

にんじんをやわらかくゆでてみじん切りにし、フリーザーバッグに入れ、薄く平らな形状にして冷凍。1回分(15～20g)ずつ割って使用。

カミカミ期

にんじんをやわらかくゆでて7㎜角に切る。1回分ずつ小分けにし、小分け容器に入れるかラップに包んで冷凍。1回分は20～30gが目安。

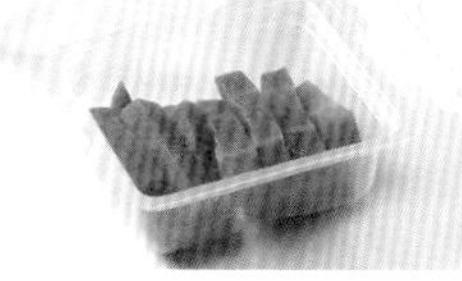

パクパク期

にんじんをやわらかくゆでて、手づかみしやすいスティック状に切る。1回分ずつ小分けにし、小分け容器に入れるかラップに包んで冷凍。1回30gが目安。

おかゆ

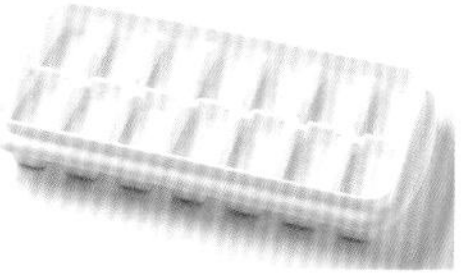

ゴックン期

10倍がゆをなめらかにすりつぶし、1回分(15g)ずつ、製氷皿に入れて冷凍。冷凍したら、製氷皿から取り出し、フリーザーバッグなどに入れて保存する。

モグモグ期

7倍がゆを1回分(50g)ずつ小分け容器に入れるか、4回分をまとめてフリーザーバッグに入れ、1回分を区切りに、箸などで筋目をつけて冷凍。後半は5倍がゆ1回分(80g)ずつ。

カミカミ期

5倍がゆを1回分(90g)ずつ小分け容器に入れるか、ラップに包んで平らな形状にして冷凍。後半は軟飯1回分(80g)ずつ。

パクパク期

軟飯を1回分(90g)ずつ小分け容器に入れるか、ラップに包んで冷凍。パクパク期後半は大人と同じご飯を1回分80gを目安に冷凍。

鶏ささ身

筋を取り除き1回分(10〜20g)ずつ小分けにし、ラップに包んで冷凍。加熱解凍をするか、冷凍のまますりおろして加熱調理をして使用。

納豆

1回分(15g)ずつラップに包んで冷凍する。

だし&スープ

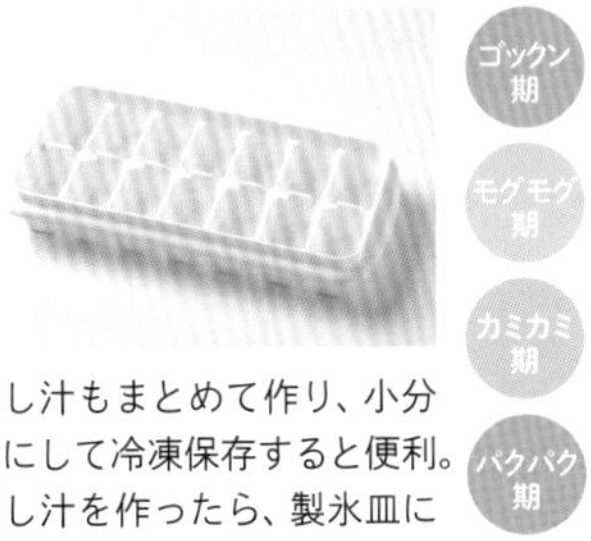

だし汁もまとめて作り、小分けにして冷凍保存すると便利。だし汁を作ったら、製氷皿に注いで小分け冷凍(だしの作り方P.43参照)。凍ったら取り出し、フリーザーバッグなどに入れて保存。野菜スープなども同様に冷凍可能。

ミニトマト

洗ってへたを取り、丸ごとフリーザーバッグに入れて冷凍。冷凍すると湯むきなしで簡単に皮がむける。

白身魚

加熱後、骨と皮を取ってなめらかにすりつぶし、1回分(5〜10g)ずつ小分けにしラップに包んで冷凍。冷凍のまま加熱解凍。

骨と皮を取って1回分(10〜20g)ずつに切り、それぞれラップに包んで冷凍。

牛肉

1回分(15〜20g)ずつラップに包んで冷凍する。

かぼちゃ

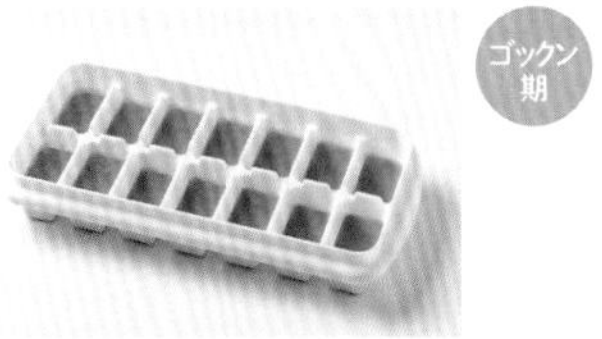

かぼちゃをやわらかくゆで、なめらかにすりつぶし1回分(10〜15g)ずつ製氷皿に入れて冷凍。冷凍後は製氷皿から外してフリーザーバッグなどに入れて保存。

かぼちゃをやわらかくゆでてつぶし、フリーザーバッグに入れ、薄く平らな形状にして冷凍。1回分(15〜20g)ずつ割って使用。

かぼちゃをやわらかくゆでてつぶし1回分ずつ丸める。ラップで茶巾形にして冷凍。1回分がカミカミ期前半は20g、後半は30gが目安。

かぼちゃをやわらかくゆでて、1cm角に切る。1回分ずつ小分けにし、小分け容器に入れるかラップに包んで冷凍。1回30〜40gが目安。

フリージングの合わせワザで栄養バランスもUP!

食材を混ぜて冷凍したり、まとめて作った料理を小分け冷凍すれば、栄養満点なメニューがさらに手軽に！

よく使う食材は、各時期に合わせた大きさに切り、一緒に混ぜて冷凍すれば同時に加熱調理できて楽な上、栄養バランスもアップ。またパスタなど多めに作ったメニューを1回分ずつ冷凍すれば、電子レンジでチンするだけで一品完成！

フリージング基本テク

離乳食のフリージングレシピ

フリージングした食材を生かしたレシピを時期別に紹介。使い回しのきく食材は上手に組み合わせてアレンジを。

ゴックン期 | 下ごしらえが大変な時期こそフリージング！

ビタミン・ミネラル源 たんぱく質源

とろとろ状の白身魚は加熱しすぎに注意！

白身魚と
にんじんのとろとろ

（作り方）

冷凍白身魚（すりつぶし）	5g
冷凍にんじん（すりつぶし）	10g

（作り方）

耐熱容器にすべての材料を入れ、ラップをかけて電子レンジで30秒ほど加熱し、混ぜる。

フリージング！

エネルギー源 ビタミン・ミネラル源 たんぱく質源

おかゆに混ぜるととろみで食べやすく

ほうれん草と
白身魚のおかゆ

（材料）

冷凍ほうれん草（すりつぶし）	10g
冷凍白身魚（すりつぶし）	5g
冷凍10倍がゆ	大さじ2（30g）

（作り方）

耐熱容器にすべての材料を入れ、ラップをかけて電子レンジで2分ほど加熱し、混ぜる。

フリージング！

ビタミン・ミネラル源

かぼちゃの甘みにだしの風味をプラス

だしかぼちゃ

（材料）

冷凍かぼちゃ（すりつぶし）	5g
冷凍だし汁	25ml（⅛カップ）

（作り方）

耐熱容器にすべての材料を入れ、ラップをかけて電子レンジで1分ほど加熱し、混ぜる。

フリージング！

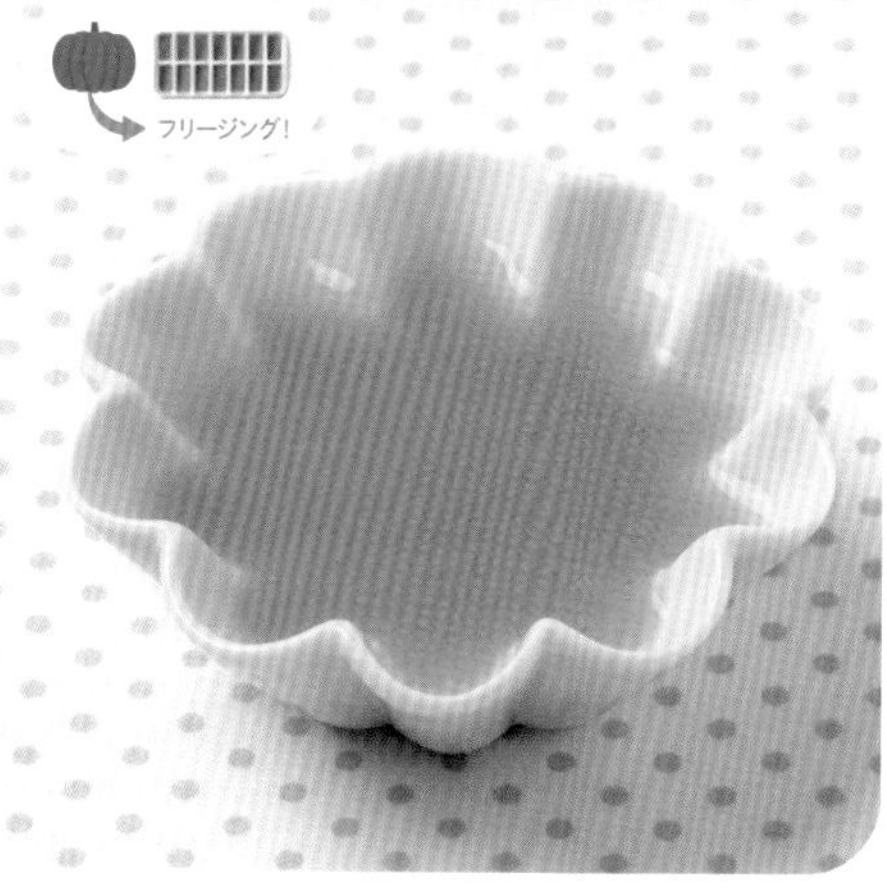

モグモグ期　冷凍ストックでレパートリーを増やそう。

エネルギー源　ビタミン・ミネラル源　たんぱく質源

納豆を加えて栄養満点！

納豆かぼちゃがゆ

7カ月〜

（材料）

冷凍ひきわり納豆……12g
冷凍かぼちゃ（つぶし）…15g
冷凍7倍がゆ
……大さじ4 ½（50g）

（作り方）

1. ひきわり納豆は耐熱容器に入れ、電子レンジで30秒ほど加熱する。
2. 耐熱容器にかぼちゃと7倍がゆを入れ、ラップをかけて電子レンジで3分ほど加熱する。
3. 1と2を混ぜる。

ビタミン・ミネラル源　たんぱく質源

ポタージュも冷凍ストックを使ってお手軽に

にんじんのポタージュ

7カ月〜

（材料）

冷凍にんじん（みじん切り）
……15g
牛乳……大さじ3

（作り方）

耐熱容器にすべての材料を入れ、ラップをかけて電子レンジで1分ほど加熱し、混ぜる。

ビタミン・ミネラル源　たんぱく質源

ブロッコリーを加え彩りよく

ささ身のブロッコリーあえ

8カ月〜

（材料）

冷凍鶏ささ身……15g
冷凍ブロッコリー……20g

（作り方）

耐熱容器にすべての材料を入れ、ラップをかけて電子レンジで1分ほど加熱し、細かくつぶして混ぜる。

カミカミ期　いろいろな食材に慣れたら組み合わせも楽しんで。

ビタミン・ミネラル源　たんぱく質源

淡白な白身魚にトマトソースで酸味と彩りをプラス

白身魚のトマトソース

9カ月～

（材料）

冷凍白身魚……15g
冷凍トマト（皮と種を除く）……20g

（作り方）

1. 耐熱容器に白身魚を入れてラップをかけ、電子レンジで20秒ほど加熱し、粗熱をとり、フォークなどでほぐす。
2. 耐熱容器にトマトを入れ、ラップをかけて電子レンジで30秒ほど加熱し、フォークなどで細かくつぶす。
3. 1を器に盛って、2をかける。

ビタミン・ミネラル源　たんぱく質源

うまみたっぷりのとろみが絶品!

鶏むね肉とほうれん草のくず煮

9カ月～

（材料）

冷凍鶏むね肉……15g
冷凍ほうれん草（粗みじん）……20g
冷凍だし汁……1/3カップ
水溶き片栗粉（片栗粉：水＝1：2）……少々

（作り方）

1. 鍋にだし汁、鶏むね肉、ほうれん草を入れ、弱火にかける。
2. だし汁が沸き、具材が煮えたら、鶏むね肉を取り出し、7㎜角に切って鍋に戻す。水溶き片栗粉でとろみをつける。

鶏むね肉は皮を取り除いてから冷凍しましょう。

エネルギー源　ビタミン・ミネラル源　たんぱく質源

手づかみ食べにもぴったりなお焼き

納豆とにんじんの落とし焼き

11カ月～

（材料）

冷凍納豆……18g
冷凍にんじん（角切り）……30g
小麦粉……大さじ2
植物油……少々

（作り方）

1. 耐熱容器に納豆とにんじんを入れラップをかけ、電子レンジで解凍する。
2. 1に小麦粉を加え、全体を混ぜる。
3. フライパンに植物油を中火で熱し、2をスプーンでひと口大ずつ落とし、両面を焼く。

パクパク期

たんぱく質源食材もフリージングを上手に活用しよう。

ビタミン・ミネラル源　たんぱく質源

かぼちゃと鶏肉のうまみを生かしたまろやかな味

かぼちゃと鶏肉のうま煮

1歳〜

（材料）

冷凍かぼちゃ（角切り）	30g
冷凍鶏もも肉	15g
冷凍だし汁	⅓カップ

鶏もも肉は皮を取り除いてから冷凍しましょう。

（作り方）

鍋にすべての材料を入れ、弱火にかける。だし汁が溶け、具材に火が通るまで煮る。鶏もも肉を取り出し、1cm角に切って、鍋に戻してさっと煮る。

エネルギー源　ビタミン・ミネラル源　たんぱく質源

ストック食材でパパッと栄養満点の1品が完成

牛ひき肉とほうれん草のチャーハン

1歳3カ月〜

（材料）

冷凍牛ひき肉	20g
冷凍ほうれん草	40g
冷凍ご飯	80g
植物油	少々

（作り方）

1. 牛ひき肉、ほうれん草、ご飯をそれぞれ電子レンジで解凍する。ほうれん草は1cm長さに切る。
2. フライパンに植物油を中火で熱し、1を入れてさっと炒める。

ビタミン・ミネラル源　たんぱく質源

かわいい見た目で手づかみも楽しい！

しらすとかぼちゃの茶巾

1歳3カ月〜

（材料）

冷凍しらす干し	15g
冷凍かぼちゃ	40g

しらす干しは、塩抜きしてから冷凍しましょう。

（作り方）

1. 耐熱容器にすべての材料を入れ、ラップをかけて電子レンジで1分半ほど加熱し、混ぜる。
2. 1をフォークでかぼちゃがなめらかになるまでつぶし、ラップに包んでぎゅっとしぼる。

／子どもの「食べたい気持ち」を養う／

手づかみごはんレシピ

カミカミ期以降どんどん盛んになる手づかみ食べ。発達に合わせ3つのステップに分けて解説します。

手づかみ食べは自立への一歩。存分にさせてあげましょう

9カ月を過ぎると、赤ちゃんが自分の手や指を使って食べ物に触ろうとしたり、口に入れようとする行動が見られるようになります。食器の中で食べ物をこねたり、つかんでは落としてみたり、大人にとっては食べ散らかしに見える行動でも、赤ちゃんにとっては食べ物を自分の手で確認している大事な学習の時間なのです。積極的に手づかみしやすいメニューを取り入れていきましょう。

手づかみの悩みQ&A

Q 遊び食べがひどくテーブルが汚れて大変！

A 床にシートを敷くなど汚れ対策を

赤ちゃんは食べ物をつぶしたり、落としたりしながら固さなどの感触を覚えようとしています。床にシートや新聞紙などを敷いておくと片づけも楽になります。

Q グチャグチャになりそう…手づかみ食べはなぜ大事なの？

A 子どもの発達過程に必要な行動です

手づかみ食べは自分で食べる意欲が育っている証拠。また手づかみ食べを十分にさせることは、スプーンなどを上手に使う基礎につながります。

Q 手づかみをせず自分から食べようともしません。

A できたらほめる！でやる気を育てる

自分で食べる意欲を育てることも必要。おなかが空いた時間に手づかみしやすいおやつなどを与えてみましょう。手でつかめたらたくさんほめてあげましょう。

Q 手でつかんではポイポイ全然食べてくれません。

A 遊びが長引くようなら切り上げる

お母さんも遊び食べにずっと付き合うのは大変。おなかを空かせるために食事前のミルクをやめてみたり、10分経ったら食べなくても切り上げるなどの工夫を。

手づかみしやすい調理テク

キュキュッと固めて

食材を合わせて軽く固めた形状も手づかみ食べにおすすめ。手指でつかみやすくつぶせる固さに仕上げましょう。

コロコロ丸めて

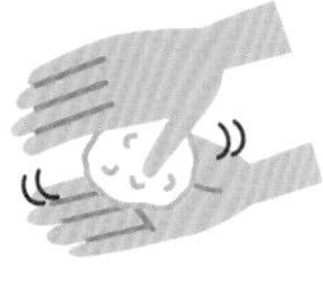

コロコロ丸めた後、軽く両手ではさんでお焼き状にすると、赤ちゃんでも簡単につかめて手づかみ向き。

スティック状にカット

食材を細長い短冊状にカットすると、指を使ってつかみやすくなります。簡単にできる手づかみメニューの定番。

STEP 1
カミカミ期前半は練習段階

形状がしっかりしてつぶしやすい固さがベスト

カミカミ期前半は、自分で食べたい意欲が出てくる時期。献立の中に手づかみで食べられるメニューを取り入れましょう。まだ指で上手につかむことは難しい時期なので、形状がしっかりしていて歯ぐきですりつぶせるやわらかさのあるものを。さらに手で持ったときにすぐにつぶれないけれど、簡単に壊れてバラバラになる固さがベストです。手でつぶしたり、机にこすりつけたり、床に落としたりと、遊びの延長のように見えますが、こうして食べ物の感触や温度を感じて味わう時期なので、15〜20分と時間を決めて存分にやらせてあげましょう。

エネルギー源　ビタミン・ミネラル源　たんぱく質源

パンプディングをスティックに切って

にんじんパンプディング

9カ月〜

（材料）

食パン……25g
溶き卵……½個分
にんじんジュース……大さじ2

（作り方）

1. 耐熱容器に溶き卵とにんじんジュースを入れ、混ぜ合わせる。
2. 1に食パンを小さくちぎって浸す。
3. 食パンがしっかり卵液を吸ったら、ラップをかけ電子レンジで1分30秒ほど加熱する。
4. 3の粗熱をとり、スティック状に切る。

エネルギー源　ビタミン・ミネラル源

おかゆを固めて手づかみメニューに

5倍がゆとにんじんのお焼き

9カ月〜

（材料）

5倍がゆ（→P.42）……大さじ4（60g）
にんじん……20g
小麦粉……大さじ3
植物油……少々

（作り方）

1. にんじんをすりおろす。
2. 1に5倍がゆと小麦粉を加え、混ぜ合わせる。
3. フライパンに植物油を中火で熱し、2をひと口大（1.5cm程度）に落とし入れ、両面をこんがりと焼く。

STEP 2

かたまりを食べるのが上達したら

モグモグかめる固さのあるかたまりを

手づかみ食べに慣れ、かむ力がついてきたら、少し固さのあるかたまりを与えてみましょう。モグモグかまないと飲み込めない固さがある、もしくはかたまりになっていることがポイントです。

この時期はまだ指で食べ物をつまんで口まで持っていくことはなかなか上手にできないので、机や床が汚れてしまうことも多いでしょう。しかし、手や指を使って食べ物を口まで運ぶことは練習が必要です。その手や指の動きの練習を経て、スプーンやフォークも上手に使えるようになるのです。この時期はとくに十分に手づかみ食べをさせてあげましょう。

エネルギー源　ビタミン・ミネラル源　たんぱく質源

数種の食材を焼き上げる栄養満点メニュー

お好み焼き

11カ月〜

（材料）

キャベツ	30g
溶き卵	½個分
小麦粉	大さじ3
植物油	少々

（作り方）

1. キャベツはさっとゆで、みじん切りにする。
2. ボウルに1と溶き卵、小麦粉を入れて混ぜ合わせる。
3. フライパンに植物油を中火で熱し、2を流し入れ、両面をこんがりと焼く。1〜2cmの角切りにする。

エネルギー源　ビタミン・ミネラル源　たんぱく質源

赤ちゃんも大好き！

ミートボール

9カ月〜

（材料）

合いびき肉	15g
にんじん	20g
パン粉	大さじ1
小麦粉	小さじ1
植物油	少々

（作り方）

1. にんじんをすりおろし、パン粉を加えて混ぜ合わせる。
2. 1のパン粉がふやけたら、合いびき肉と小麦粉を加えて混ぜる。
3. フライパンに植物油を中火で熱し、2をひと口大（1.5cm程度）に丸めて、こんがりと焼く。

STEP 3

パクパク期は固さと形状の難易度をアップ

ひとつの食材を歯でかみ切る練習を

パクパク期に入ったら手づかみ食べの食材や形状の難易度を少し上げます。たとえば、食べ物を手でつかんで口に運び、歯を使ってかみ切って食べる練習をさせましょう。肉や野菜などの食材が混ざったものや、ひと口では食べられずかじり取る必要のある赤ちゃんせんべい状のものがおすすめです。できるだけやわらかいものを固めて、崩れやすい状態にして与えるとよい練習になります。おにぎりは丸型ではなく、せんべい状の焼きおにぎりがおすすめです。のりをつける場合は、歯でかみ切りやすいよう、巻くよりも小さくちぎってまぶしてあげましょう。

エネルギー源　ビタミン・ミネラル源

にんじんやのりをおにぎりに混ぜ込んで

平たいにんじん入り焼きおにぎり

1歳3カ月〜

（材料）

ご飯……80g
小麦粉……小さじ1
にんじん（すりおろし）……15g
焼きのり……3cm角程度
かつおぶし……1g
水……大さじ1
植物油……適量

（作り方）

1. ご飯を耐熱容器に入れ、にんじん、小麦粉、水を加えて混ぜる。ふんわりラップをかけ、電子レンジで熱くなるまで加熱する。
2. 1に小さくちぎったのりと、軽くもみつぶしたかつおぶしを入れ、しっかり混ぜる。
3. 2を7〜9等分にして丸め、手のひらでつぶし、直径2〜3cm、厚さ5mm程度に平たくする。フライパンに植物油を中火で熱し、軽く焼き色がつくまで焼く。

エネルギー源　ビタミン・ミネラル源

揚げ焼きすることで野菜本来の甘みがアップ

揚げ焼き野菜

1歳〜

（材料）

にんじん、かぼちゃ……合わせて30g
植物油……適量

（作り方）

1. にんじんは5〜7mm程度の輪切り、かぼちゃは同程度の大きさの薄切りにする。
2. 1をそれぞれふんわりラップに包み、にんじんは30秒、かぼちゃは20秒電子レンジで加熱する。
3. フライパンに植物油を中火で熱し、2を両面こんがり焼く。

／手間なし！　アレンジも簡単！／

ベビーフードの活用法

メニューが豊富で手軽さが魅力のベビーフード。ここではベビーフードの種類と上手な使い方を紹介します。

成長や用途に合わせて上手に使ってみよう

ベビーフード（BF）は、※厚生労働省が定めた基準（指針）に沿って作られた市販の離乳食。乳児の成長に合わせた栄養補給を目的に作られており、穀類や野菜・果物のほか、レバー、白身魚などいろいろな食材を使った商品があります。また製造方法も、びん詰やレトルトなどさまざまなものが市販されています。手作りメニューと組み合わせるなど、ベビーフードの特徴や使用目的に合わせて上手に活用しましょう。

※日本ベビーフード協議会の会員企業の商品は厳しいベビーフードの自主規格をクリアしているので安心・安全です。

ベビーフードとタイプの使い方

市販のベビーフードは主に4種類のタイプがあります。
それぞれの特徴を知りましょう。

フリーズドライタイプ

お湯をかけて戻せば完成！

調理した食材を凍結乾燥させたフリーズドライタイプ。食材の味や色、香りを損なわないのが特徴。軽量で、お湯をかけて戻せばすぐに食べられます。

粉末タイプ

スープやだしなどアレンジにも便利

調理した食材を乾燥させて粉末やフレーク状にしたもの。使い方はお湯と混ぜるだけでOK。ほかの食材に混ぜ、味付けに変化を出したり、とろみづけにも使えます。

レトルトタイプ

主食からおかずまで種類が豊富

容器を開けたらそのまま食べられるレトルトタイプ。温めて食べるとよりおいしくなります。おかずだけのものや、主食入りのものなどバリエーションが豊富。

びん詰タイプ

開けたらすぐ使える手軽さが魅力

調理済みの食材を小びんに密閉した離乳食。ふたを開ければ、そのまま食べられるのが利点。取り皿いらずなので外出時にも便利です。

ベビーフードはこんなときに便利

時間がないときでもすぐに使えるベビーフードは重宝します。栄養バランスも手軽にアップ！

旅行やおでかけのときに

ベビーフードは調理済みの離乳食を真空状態で密閉しているので衛生的。開けてすぐに食べられるのも魅力です。びんやトレイに入っているものは器に移さなくてもよいので旅行やおでかけのときに便利。

離乳食の時短対策に

ベビーフードは野菜や肉などをペースト状にしたものも多く、裏ごしなど面倒な下ごしらえを省けます。ただし味や固さが単調なものも多いので、ほかの食材や手作りのものもプラスするなどアレンジを。

忙しいときや疲れたときに

離乳食期の赤ちゃんはお世話も大変。いつもは手作りするという人でも、時間がないときや、体調がすぐれないときのために、ベビーフードを用意しておくのもよいでしょう。

バリエーションが欲しいときに

離乳食は献立を考えるのも難しく、ついメニューがマンネリになりがち。ベビーフードは種類が豊富なので、メニューの参考にしたり、手作りの料理と組み合わせたりするのもおすすめです。

はじめての食材にチャレンジするときに

はじめて食べさせる食材はベビーフードを利用し、とろみやなめらかさの加減など、手作りするときの参考にするのもよいでしょう。離乳食スタート頃にありがちな「手間をかけても食べてくれない！」というストレスも、ベビーフードなら気になりません。

栄養バランスの調整に

離乳食を作るとき、たくさんの食材をそれぞれ下ごしらえするのは大変。でも、栄養バランスは大事だし……。そんなときにはベビーフードで一品プラス。必要な栄養素を手軽に加えることができます。

BFの特徴を生かしてアレンジ!

ベビーフードの活用レシピ

ベビーフードをアレンジしたお手軽メニュー。歯ごたえのある食材と組み合わせるのがおすすめ。

モグモグ期

びん詰／レトルトタイプ使用

エネルギー源　ビタミン・ミネラル源　たんぱく質源

ささ身と緑黄色野菜のパンがゆ　7カ月～

(材料)

ささ身と緑黄色野菜……70g
食パン……15g

(作り方)

1. 食パンは小さくちぎって水大さじ2をかけ、しばらくおく。耐熱容器に移し、ラップをかけて電子レンジで30秒ほど加熱し、すりつぶす。
2. 1にBF「ささ身と緑黄色野菜」を加え、混ぜ合わせる。

フリーズドライ／フレークタイプ使用

エネルギー源　ビタミン・ミネラル源

かぼちゃとさつまいものおかゆ　7カ月～

(材料)

おかゆ……大さじ1強
かぼちゃ……15g
さつまいも……20g

(作り方)

1. かぼちゃは皮をむいて種を取り除き、さつまいもは皮をむいてやわらかくゆで、粗くつぶす。
2. 1にフリーズドライ／フレーク「おかゆ」と水大さじ4を加えて混ぜ合わせる。
3. 耐熱容器に2を入れ、ラップをかけて電子レンジで1分ほど加熱する。

ゴックン期

粉末タイプ使用

エネルギー源　ビタミン・ミネラル源　たんぱく質源

豆腐とじゃがいもの野菜スープ煮

(材料)

野菜スープ……1袋(1.5g)
豆腐……20g
じゃがいも……20g

(作り方)

1. じゃがいもは薄切りにする。
2. 鍋に粉末「野菜スープ」を水150mlで溶き、入れる。
3. 2に、水気をきった1を加えてやわらかくなるまで煮る。豆腐を加え、さっと煮たら(煮汁はとっておく)、じゃがいもと豆腐をすりつぶし、煮汁でのばす。

びん詰／レトルトタイプ使用

エネルギー源　ビタミン・ミネラル源　たんぱく質源

しらすコーンがゆ

(材料)

コーンがゆ……80g
しらす干し……5g

(作り方)

1. しらす干しは熱湯に5分ほどつけて塩抜きをし、すりつぶす。
2. 温めたBF「コーンがゆ」に1を混ぜ合わせる。

パクパク期

レトルトタイプ使用

エネルギー源　ビタミン・ミネラル源　たんぱく質源

青菜入りかき玉うどん

1歳～

〈材料〉

かき玉うどん……80g
青菜（ほうれん草、小松菜など）……30g

〈作り方〉

1. 青菜をやわらかくゆで、細かく刻む。
2. 1を温めたBF「かき玉うどん」に混ぜ合わせる。

粉末タイプ使用

エネルギー源　ビタミン・ミネラル源　たんぱく質源

レバーと野菜のディップ

1歳～

〈材料〉

レバーと野菜……3g
じゃがいも……20g
食パン……40g

〈作り方〉

1. じゃがいもをやわらかくゆで、なめらかにすりつぶす。
2. 1にパッケージの表示通りに熱湯で溶かした粉末「レバーと野菜」を混ぜる。
3. 2を器に盛り、パンを添える。

カミカミ期

粉末タイプ使用

エネルギー源　ビタミン・ミネラル源　たんぱく質源

ほうれん草豆乳蒸しパン

9カ月～

〈材料〉

蒸しパンミックス……1袋（20g）
ほうれん草（ゆでて細かく刻む）……20g
豆乳……大さじ1

〈作り方〉

耐熱容器にすべての材料を入れて混ぜ合わせ、ふんわりラップをかけて電子レンジで50秒ほど加熱する。

びん詰／レトルトタイプ使用

エネルギー源　ビタミン・ミネラル源　たんぱく質源

軟飯のチーズグラタン

11カ月～

〈材料〉

チーズグラタン……100g
軟飯（→P.42）……50g

〈作り方〉

耐熱容器に軟飯を入れ、BF「チーズグラタン」をかけて、オーブントースターで軽く焼き目がつくまで5分ほど焼く。

離乳食は薄味なのでアレンジ次第でいろいろな料理に使えます。ひと手間加えれば大人の食事に大変身！

ゴックン期の大人用アレンジメニュー

ゴックン期のとろとろしたメニューはソースやドレッシングにぴったり！

パパッとアレンジメニュー

アスパラガス入りのたいとじゃがいもチーズドリア
＆
具だくさんサラダ パプリカとオレンジのドレッシング

パプリカとオレンジのピューレ…P.63
ドレッシングに

たいとじゃがいものとろとろ…P.47
ドリアのソースに

アスパラガス入りのたいとじゃがいもチーズドリア

（材料 2人分）

- たいとじゃがいものとろとろ……（真だい25g／じゃがいも100g）
- 塩……適量
- グリーンアスパラガス……3本
- ご飯……400g
- ピザ用チーズ……40g

（作り方）

1. アスパラガスは根元を少し切り、さっとゆでて、食べやすい大きさに切る。
2. 「たいとじゃがいものとろとろ」に塩をふり、味を調える。
3. グラタン皿にご飯を盛り、1と2をのせ、ピザ用チーズを散らして、オーブントースターで焼き色がつくまで15分ほど焼く。

具だくさんサラダ パプリカとオレンジのドレッシング

（材料 2人分）

- パプリカとオレンジのピューレ……（パプリカ20g／オレンジ果汁小さじ2）
- レタス……2枚
- プチトマト……6個
- きゅうり……½本
- ハム……2枚
- 酢……小さじ2
- オリーブ油……大さじ1½
- 塩・こしょう……各適量

（作り方）

1. レタスは冷水に浸けてパリッとさせ、水気をきって食べやすくちぎり、皿に盛る。
2. プチトマトはへたを取って半分に切る。きゅうり、ハムは食べやすい大きさに切る。合わせて1に盛りつける。
3. ボウルに「パプリカとオレンジのピューレ」、酢、オリーブ油、塩、こしょうを入れて泡立て器で混ぜ合わせ、2にかける。

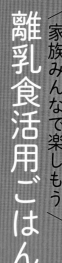

モグモグ期の 大人用アレンジメニュー

だし汁を使ったメニューは、具を足すだけで簡単に大人メニューに早変わり。あんかけにすると見た目もゴージャスに！

パパッとアレンジメニュー

まぐろと玉ねぎの卵とじ丼
&
豆腐のトマトあんかけ

まぐろと玉ねぎのだし煮…P.87

卵とじの具に

豆腐のだしあんかけ…P.108

トマトを加えて

まぐろと玉ねぎの卵とじ丼

(材料 2人分)

まぐろと玉ねぎのだし煮
……(まぐろ60g／玉ねぎ80g／だし汁250ml)
卵……2個
しょうゆ……大さじ1½
砂糖……大さじ1弱
ご飯……茶わん2杯
かいわれ大根……適量

(作り方)

1. 鍋に「まぐろと玉ねぎのだし煮」を入れて、中火にかける。
2. 1が沸騰してきたらアクを取り、しょうゆと砂糖を加える。
3. 2に溶きほぐした卵を回し入れ、ふんわり半熟に仕上げ、器によそったご飯にかける。かいわれ大根は根元を切って、お好みで丼に散らす。

「卵とじ」は、離乳食を簡単に大人ご飯にしてくれるお役立ちテクニック。まぐろのうまみと玉ねぎの甘みが卵に染み込み、味もボリュームも大満足。

豆腐のトマトあんかけ

(材料 2人分)

豆腐のだしあんかけ
……(木綿豆腐300g／だし汁150ml／水溶き片栗粉適量)
しょうゆ……小さじ1
塩……少々
トマト……中½個

(作り方)

1. トマトは皮を湯むきし、粗く刻んでおく(種が多い場合は取り除く)。
2. 耐熱容器に「豆腐のだしあんかけ」の豆腐のみを入れ、ラップをふんわりかけて電子レンジで3分ほど加熱する。
3. 鍋に「豆腐のだしあんかけ」のだしあん、しょうゆ、塩、トマトを入れてさっと温める。
4. 2を器に盛り、3をかける。

カミカミ期は使える食材や調味料が増え、さらにアレンジもしやすくなります。大人料理に混ぜるだけでボリュームも栄養素もアップ！

パパッとアレンジメニュー

じゃがいもと牛ひき肉入り和風オムレツ ＆ 白菜とさけのけんちん汁

じゃがいもと牛ひき肉のうま煮…P.53

オムレツの具に

白菜とさけのうま煮…P.67

けんちん汁の具に

じゃがいもと牛ひき肉入り和風オムレツ

（材料 2人分）

- じゃがいもと牛ひき肉のうま煮…（じゃがいも65g／牛ひき肉15g）
- 青菜（にら、小松菜など）……適量
- 卵……2個
- 塩・こしょう……各適量
- 植物油……小さじ1

（作り方）

1. ボウルに卵を入れ、溶きほぐす。
2. 1に刻んだ青菜と「じゃがいもと牛ひき肉のうま煮」の汁気をきって混ぜ、塩、こしょうで味を調える。
3. フライパンに植物油を中火で熱し、2を流し入れてオムレツ状に焼く。

白菜とさけのけんちん汁

（材料 2人分）

- 白菜とさけのうま煮……（さけ45g／白菜60g）
- だし汁……300ml
- しょうゆ……小さじ1
- 塩……適量
- 木綿豆腐……100g

（作り方）

1. 鍋に「白菜とさけのうま煮」とだし汁を入れて中火にかける。
2. 1が沸いてきたら、しょうゆと塩で味を調える。
3. 2に木綿豆腐を加えて、木べらなどで軽く崩す。豆腐が温まるまで、2分ほど煮る。

具だくさんのうま煮は、オムレツの具にピッタリ。だし汁を加えれば汁物としておいしくいただけます。

パパッとアレンジメニュー

たらと チンゲン菜の 中華風スープ & ゴーヤチャンプル

たらとチンゲン菜の煮物…P.90

スープの具に

豆腐とおかかのごま油炒め…P.110

ゴーヤチャンプルの具に

たらとチンゲン菜の中華風スープ

（材料 2人分）

たらとチンゲン菜の煮物
…（たら45g／チンゲン菜60g／だし汁90ml）
鶏がらスープの素 …… 小さじ1
塩 …… 適量
ごま油 …… 小さじ½
こしょう …… 適量

（作り方）

1. 鍋に「たらとチンゲン菜の煮物」と水1½カップ（300ml）、鶏がらスープの素を入れて中火にかける。
2. 1が沸いてきたら塩で味を調える。器に盛り、香りづけにごま油を加え、こしょうをふる。

ゴーヤチャンプル

（材料 2人分）

豆腐とおかかのごま油炒め
…（木綿豆腐300g／かつおぶし2g／ごま油適量）
ゴーヤ …… 中½本
ごま油 …… 小さじ1
しょうゆ …… 小さじ2

（作り方）

1. ゴーヤは縦半分に切り、種とわたを取り除いて2〜3㎜の薄切りにする。
2. フライパンにごま油を強めの中火で熱し、1を炒める。
3. 2にほぼ火が通ったら「豆腐とおかかのごま油炒め」を加えて炒め、しょうゆで味を調える。

おかかの風味が効いた豆腐の炒め物にゴーヤを加えて「ゴーヤチャンプル」に。豆腐をムダなく使えるアイデアメニュー。

パクパク期の大人用アレンジメニュー

パクパク期のアレンジのキーワードは「かさ増し」。離乳食メニューに食材を1つ加えたり、大人用メニューに離乳食をプラス！

パパッとアレンジメニュー

焼きさばとおくらのちらし寿司
&
ゆで卵ときゅうり、ハムのサラダ

焼きさばのおくらあえ…P.93

ちらし寿司の具に

ゆで卵ときゅうりのあえ物…P.103

ハムを加えて

焼きさばとおくらのちらし寿司

（材料 2人分）

焼きさばのおくらあえ
……（焼きさば60g／おくら4本）
ご飯……1合
寿司酢（酢…大さじ1½、砂糖…大さじ½、塩…小さじ⅕）……大さじ2
白いりごま……小さじ2

（作り方）

1. 熱々のご飯に寿司酢を混ぜ、皿などに広げて冷ましておく。
2. 「焼きさばのおくらあえ」の焼きさばは皮と骨を取り除いてほぐし、おくらは食べやすい大きさに切る。
3. 1に2を混ぜ合わせる。器に盛りつけたら、白いりごまをふりかける。

ゆで卵ときゅうり、ハムのサラダ

（材料 2人分）

ゆで卵ときゅうりのあえ物
……（ゆで卵2個／きゅうり⅓本）
ハム……2枚
プチトマト……3〜4個
マヨネーズ……大さじ1½

（作り方）

1. ハムは食べやすい大きさに切る。
2. 「ゆで卵ときゅうりのあえ物」のゆで卵は粗くつぶす。きゅうりは輪切りにし、プチトマトは半分に切って、1と合わせ、マヨネーズであえる。

サラダはハムでかさ増し。焼きさばはちらし寿司の具に。さばはかたまりで焼いてから大人用、子ども用に分ければ楽ちん！

パパッとアレンジメニュー

ミニミニハンバーグとブロッコリーのトマト煮 & かぼちゃとソーセージのチーズ焼き

ミニミニハンバーグ…P.82

ソースを足して

かぼちゃの粉チーズ焼き…P.73

ソーセージを加えて

ミニミニハンバーグとブロッコリーのトマト煮

（材料 2人分）

ミニミニハンバーグ
…（合いびき肉50g／にんじん50g／パン粉大さじ1）
合いびき肉……100g
溶き卵……$\frac{1}{3}$個分
トマト水煮缶（カット）……$\frac{1}{2}$缶
塩・こしょう……各適量
オリーブ油……大さじ$\frac{1}{2}$
ブロッコリー……$\frac{1}{4}$株

（作り方）

1. 「ミニミニハンバーグ」の生地に合いびき肉、溶き卵、塩、こしょうを加えて十分に練り混ぜ、大きめのボール状に丸める。
2. ブロッコリーは小房に分ける。
3. フライパンにオリーブ油を強めの中火で熱し、1を並べる。両面を焼き、トマト水煮を加えてふたをし、火を弱めて5分ほど煮る。
4. 3にブロッコリーを加え3分ほど煮て、塩、こしょうで味を調える。

かぼちゃとソーセージのチーズ焼き

（材料 2人分）

かぼちゃの粉チーズ焼き
…（かぼちゃ200g／粉チーズ大さじ1）
ソーセージ……4本

（作り方）

耐熱容器に、食べやすく切ったソーセージと「かぼちゃの粉チーズ焼き」を入れて、オーブントースターで8分ほど焼く。

赤ちゃん用に作った野菜たっぷりのハンバーグのタネに、大人用はさらにひき肉をプラス。チーズ焼きはソーセージでかさ増しを。

「補食」という本来の意味をしっかりおさえて
「おやつ」との付き合い方

離乳食期の赤ちゃんにとって、おやつの目的は「栄養補給」。与える量、回数、内容には注意が必要です。

1歳以降はおやつと食事で栄養バランスを調整します

1歳を過ぎると成長に必要な栄養素、エネルギーはさらに増えます。しかし、赤ちゃんの胃袋は小さく、消化吸収能力もまだ未熟。そのため、3回の食事で不足した栄養を補給する目的で「間食」を与えます。つまり、離乳食期のおやつの意義はあくまで「栄養素とエネルギーの補給」。食事がとれないほどたくさん与えたり、糖分や油脂の多すぎるおやつを与えたりすることは避けましょう。

おやつの悩みQ&A

Q おやつにはどんなものがよい? 市販のおやつはOK?

A 市販のおやつは幼児用を選んで

おにぎりなどの穀類やいも類、虫歯になりにくい野菜や果物などがおすすめ。かむ練習用のベビーフードのおやつもよいでしょう。市販品は幼児用のおやつか、糖分や脂質、添加物が少ないものを選んで。

Q 赤ちゃん用のおやつはいつから与えてよいの?

A おやつは1歳からでOK

1歳になるまでは基本的に間食は必要ありません。市販のおやつには「6カ月からOK」と書かれているものなどもありますが、赤ちゃんの栄養的に必要になるのは1歳を過ぎてからです。

Q 赤ちゃん用のおやつを手作りするときのポイントは?

A 塩分や砂糖、油脂などは控えめに

おやつを手作りする場合は、できるだけ食材を生かした薄味を心がけましょう。シンプルな蒸かしいもなどもおやつに最適です。また砂糖や生クリーム、バターなどをたっぷり使うのは避けましょう。

Q おやつを与えるタイミングは? いつ食べさせればよいの?

A 食事の間に1日1～2回が目安

おやつはあくまで補食なので、次の食事に響かない程度に1日1～2回、時間を決めて与えましょう。欲しがるまま1日に何度も与えると、食事を食べなかったり、虫歯や肥満の原因になることも。

Q おやつを与える際とくに注意する点は?

A 時間を決め、適量を守ること

時間と量を決めダラダラ与えないこと。食事に影響するのと、口の中が酸性の状態が続き、虫歯になりやすくなります。おやつのあとは水分補給と口の中をきれいにするため、水や麦茶を飲む習慣を。

Q おやつは1日でどれくらいの量を与えてよいの?

A 男の子と女の子で適量が変わります

おやつは栄養バランス的にも目安量を守ることが大切です。個人差がありますが、1～2歳はおおよそ男の子が1日145kcal、女の子は135kcalが適量。また、その日の食事量によっても調整をしましょう。

パクパク期のおやつの目安

1日2回与える場合のおやつの量の目安を紹介。おやつは一緒に与える飲み物次第で量が変わります。

1日2回与える場合の例

男の子（1日：145kcal）

1回目
麦茶（0kcal）＋
ビスケット（ビスコ）
1.6個＝33kcal

2回目
牛乳100ml（69kcal）
＋バナナ½本（50g／
43kcal）＝112kcal

女の子（1日：135kcal）

1回目
麦茶（0kcal）＋
ビスケット（ビスコ）
1.2個＝23kcal

2回目
牛乳100ml（69kcal）
＋バナナ½本（50g／
43kcal）＝112 kcal

ベビーフードのおやつ1回分の目安

※写真は女の子のおやつ1回分の分量（68kcal）の目安です。

赤ちゃんせんべい
1袋2枚入り（12kcal）

男の子 6.3袋　女の子 5.9袋

米で作った消化のよいおせんべい。カルシウムや鉄分を強化したものも。

たまごボーロ
1袋10g（39.1kcal）

男の子 19g　女の子 17g

小麦粉に卵、砂糖などを加えた焼き菓子。口どけがよく食べやすい。

栗かぼちゃとさつまいものクッキー
1袋25g（126kcal）

男の子 3/5包　女の子 1/2包

かぼちゃとさつまいもを入れて焼き上げたクッキー。カルシウムを強化。

蒸しパン
1個（99kcal）

男の子 0.8個　女の子 0.7個

牛乳と水を加えて付属のカップに入れ、電子レンジで温めるだけで作れる。

パクパク期の赤ちゃん向け

カンタン！ 手作りおやつレシピ

気軽にパパッと作れる、愛情たっぷりの手作りおやつを紹介します。

ビタミン・ミネラル源　たんぱく質源

緑黄色野菜でビタミン補給も！

パンプキンプリン

（材料）

かぼちゃ……20g
溶き卵……⅓個分
水……大さじ1

（作り方）

1. かぼちゃは皮と種を取り除き、ラップで包んで電子レンジで1分ほど加熱し、なめらかにすりつぶす。
2. 1をボウルに入れ、溶き卵と水を加え混ぜ合わせたら、耐熱容器に移し、アルミホイルでふたをする。
3. 蒸気の上がった蒸し器に2を入れ、火が通るまで弱火で5分ほど蒸す（湯をはったフライパンに並べて、ふたをして弱火で5分ほど蒸してもOK）。

ビタミン・ミネラル源

材料はりんごだけでとっても簡単！

煮りんご

（材料）

りんご……120g
水……適量

（作り方）

りんごはサイコロ状に切る。鍋にりんごとかぶる程度の水を加えて、やわらかく（竹串がすっと刺さるくらい）なるまで煮る。

ビタミン・ミネラル源　たんぱく質源

甘めの牛乳にオレンジの酸味をプラス

ミルク寒天 オレンジソース

（材料）

粉寒天……1g
水……80ml
砂糖……小さじ1弱
牛乳……50ml（¼カップ）
オレンジ果汁
……50ml（¼カップ）
水溶き片栗粉
（片栗粉：水＝1：2）……少々

（作り方）

1. 鍋に水と粉寒天を入れてよく混ぜ合わせ、弱火にかける。
2. 1が沸騰してきたら、かき混ぜながらさらに1分ほど加熱し、砂糖と牛乳を加える。器に流し入れ、固める（常温でも、冷蔵庫でもOK）。
3. 鍋にオレンジ果汁を入れ、中火にかける。沸いてきたら水溶き片栗粉でとろみをつける。
4. 2の⅓〜½を食べやすい大きさに切り、3をかける。

エネルギー源 たんぱく質源

指でつまんで食べやすい

手作りボーロ

（材料 3回分）

- 卵黄……1個分
- 砂糖……大さじ1
- 片栗粉……大さじ6

生地の寝かしは、夏は冷蔵庫に入れましょう。

（作り方）

1. ボウルに卵黄と砂糖を混ぜ、とろりとしたら片栗粉を加えて混ぜる。
2. 1をラップで包んで常温で30分ほど寝かす。
3. 2を食べやすい大きさに小さく丸め、オーブンペーパーを敷いた天板に並べて、200度に熱したオーブンで5分ほど焼く。

エネルギー源 ビタミン・ミネラル源 たんぱく質源

食材の甘みを生かしたやさしい味

スイートポテト

（材料 3回分）

- さつまいも……100g
- 溶き卵……⅓個分
- 砂糖……小さじ1
- 牛乳……大さじ1

（作り方）

1. さつまいもは皮をむき、やわらかくゆでて、なめらかにつぶす。
2. 1に溶き卵、砂糖、牛乳を加えて混ぜ、3等分にし、それぞれ耐熱容器に入れる。
3. 2を180度に熱したオーブンで8分ほど焼く（オーブントースターで8分ほど焼くのでも可）。

エネルギー源 たんぱく質源

ホットケーキミックスですぐできる！

ベビークッキー

（材料 12回分）

- ホットケーキミックス……150g
- 卵……1個
- 砂糖……大さじ2～3
- オリーブ油……大さじ1

（作り方）

1. ボウルにすべての材料を混ぜ合わせ、平たくのばして型で抜く。
2. 1をオーブンペーパーを敷いた天板に並べ、180度に熱したオーブンで10分ほど焼く。

/赤ちゃんとの外出がもっと楽しくなる/
おでかけごはんレシピ

赤ちゃん連れのおでかけは、食事が気がかり。外出先でも手軽に安心して食べられるレシピを紹介します。

ゴックン期

ゴックン期は離乳食からとる栄養素は少ないので、
主食を中心に、赤ちゃんが好きな食べ慣れたものでOK。

エネルギー源　ビタミン・ミネラル源　たんぱく質源

とろみとりんごの酸味で食欲もアップ！

さつまいも、りんご、豆腐のとろとろ

（材料）

さつまいも	20g
りんご	5g
豆腐	20g

（作り方）

1. さつまいもとりんごは皮をむき、やわらかくゆでておく（ゆで汁はとっておく）。
2. 豆腐は、熱湯でさっとゆでる。
3. 1と2をなめらかにすりつぶし混ぜ合わせ、ゆで汁で食べやすい固さに仕上げる。

エネルギー源　ビタミン・ミネラル源　たんぱく質源

甘いかぼちゃにきな粉の風味をプラス

きな粉かぼちゃがゆ

（材料）

かぼちゃ	10g
10倍がゆ（→P.42）	大さじ2（30g）
きな粉	小さじ½

（作り方）

1. かぼちゃは皮と種を取り除き、ラップで包んで電子レンジで20秒ほど加熱してすりつぶす。
2. 1に10倍がゆを入れてさらになめらかにすりつぶし、きな粉を混ぜ合わせる。

おでかけごはんの留意点

おでかけ先での赤ちゃんの食事。あわてずに、親子でもっと楽しむためのポイントは？

外出先でも食事の時間と食べさせ方を考えて

外出先での食事は、親子ともに気分が変わり楽しいものです。でも、おでかけ時の食事で難しいのは、食事を与えるタイミングと食べさせ方。たとえば外遊びに夢中でなかなか食事をとってくれなかったり、反対に赤ちゃんがおなかが空いたときにすぐに食事の用意ができなかったりすることも……。外出する際には、食事の時間を決め、外でも赤ちゃんが食べやすいおでかけ用メニューを用意していきましょう。

モグモグ期

モグモグ期以降は外出先の食事も栄養バランスを意識して。
たんぱく質や野菜を加えた、具だくさんのめん類やおかゆが便利。

エネルギー源　ビタミン・ミネラル源　たんぱく質源

豆乳のまろやかな味で赤ちゃんもご機嫌！

青菜入り豆乳がゆ

8カ月～

（材料）

青菜の葉（ほうれん草、小松菜など）……20g
5倍がゆ（→P.42）……大さじ5強（80g）
豆乳……大さじ3

（作り方）

1. 青菜はやわらかくゆで、水気をきって細かく刻む。
2. 1と5倍がゆ、豆乳を混ぜ合わせ、耐熱容器に移して電子レンジで30秒ほど加熱する。

エネルギー源　ビタミン・ミネラル源　たんぱく質源

オレンジとヨーグルトでさっぱり食べやすい

オレンジヨーグルトパンがゆ

7カ月～

（材料）

食パン……15g
オレンジ……5g
プレーンヨーグルト……50g

（作り方）

1. 食パンを小さくちぎり、水大さじ2をかけてしばらくおく。耐熱容器に移してラップをかけ、電子レンジで30秒ほど加熱して、粗くつぶす。
2. オレンジは房から実を取り出し、細かく刻む。
3. 1と2、ヨーグルトを混ぜ合わせる。

持ち運びしやすいメニューと容器を選ぼう

外出時は、赤ちゃんが食べやすいメニューを工夫しましょう。おじやや混ぜご飯など、1品で栄養満点のメニューなら、調理するのも食べさせるのも楽です。カミカミ期以降は手づかみ食べのメニューも取り入れましょう。BFの利用もおすすめ。外出先でも食べやすく、片づけも簡単です。

また、外出用には衛生的でこぼれにくく、食べさせやすい容器を選びましょう。おかゆなど水気の多いメニューは、しっかりふたが閉まるタイプの容器がおすすめです。ただし、熱いままふたを閉めてしまうと、冷めたときに湯気が水滴となり、細菌が増える原因になります。ご飯やおかずは冷ましてからふたをするようにしましょう。

カミカミ期

遊び食べが盛んになり、好き嫌いも増えてきます。
味付けに変化を加えたり、手づかみできるものなど食べやすいメニューを。

エネルギー源　ビタミン・ミネラル源　たんぱく質源

手づかみしやすいのでおでかけに◎

フレンチトースト フルーツ添え　11カ月～

（材料）

溶き卵……¼個分
牛乳……大さじ2
食パン……35g
バター……少々
果物（いちごなど）……10g

（作り方）

1. ボウルに溶き卵と牛乳を入れ、混ぜ合わせる。
2. 食パンは食べやすい大きさに切り、1に浸して5分ほどおく。
3. フライパンでバターを溶かし、2を入れて弱めの中火で両面をこんがりと焼く。果物を添える。

エネルギー源　ビタミン・ミネラル源

おかかが芳ばしく、子どもが大好きな味

キャベツ焼うどん おかか風味　9カ月～

（材料）

キャベツ……20g
ゆでうどん……60g
かつおぶし……ふたつまみ
植物油……少々

（作り方）

1. キャベツはやわらかくゆで、1～2㎝の細切りにする。
2. うどんは1～2㎝の長さに切る。
3. フライパンに植物油を中火で熱し、1と2を1分ほど炒める。水大さじ1を加えて、水分がなくなるまで炒めたら、かつおぶしを加えて混ぜる。

おでかけごはん お役立ちグッズ

必須アイテムからアイデアグッズまで、おでかけ先での食事にあると便利なものを紹介！

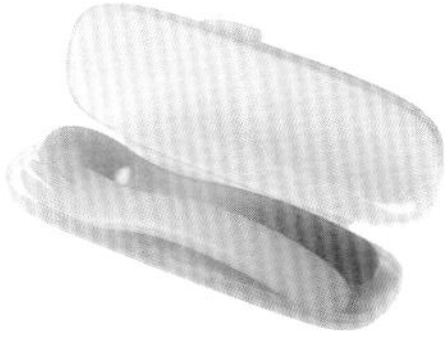

離乳食用スプーン

いつでも食べられるよう離乳食用スプーンは必須。ケース付きなら食後に汚れたまま入れられて便利。

離乳食用お弁当箱

コンパクトながら汁ものもこぼれにくく、スプーンや保冷剤が収納できるスグレモノも！

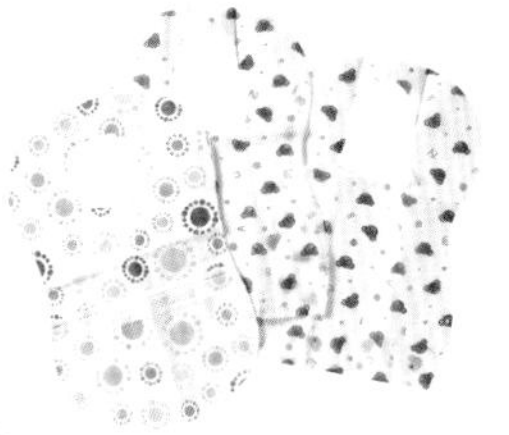

使い捨てスタイ

赤ちゃんの食事に必須なスタイ。おでかけでは使い捨てが便利。防水性なのでお茶などをこぼしても安心。

パクパク期

活動もさらに活発になり、おでかけ先で遊びに夢中になることも。
さっと出してすぐに食べられる手づかみレシピが活躍！

エネルギー源　ビタミン・ミネラル源　たんぱく質源

持ち運びしやすい蒸しパンはおでかけに最適！

バナナ蒸しパン

1歳3カ月～

（材料 1個分）

- バナナ……40g
- ホットケーキミックス……大さじ4
- 溶き卵……¼個分
- 牛乳……大さじ2

（作り方）

耐熱容器にすべての材料を混ぜ合わせて入れ、蒸気の上がった蒸し器で10分ほど蒸す（湯をはったフライパンに並べ、ふたをして10分ほど蒸してもOK）。

竹串で刺したときに生地がくっついてこなければOK。電子レンジで1分30秒ほど加熱でもよい。

エネルギー源　ビタミン・ミネラル源　たんぱく質源

具だくさんで食べやすいご飯のお焼き

豚ひき肉と小松菜のご飯お焼き

1歳～

（材料）

- 小松菜……30g
- 豚ひき肉……15g
- 軟飯（→P.42）……70g
- 小麦粉……大さじ2
- 植物油……少々

（作り方）

1. 小松菜はやわらかくゆで、水気をきって5㎜幅に刻む。
2. 耐熱容器に豚ひき肉を入れ、電子レンジで15秒ほど加熱し、ほぐす。
3. 1と2、軟飯、小麦粉を混ぜ合わせる。
4. フライパンに植物油を弱めの中火で熱し、3を薄く広げて、両面がこんがりするまで3分ほど焼き、食べやすい大きさに切る。

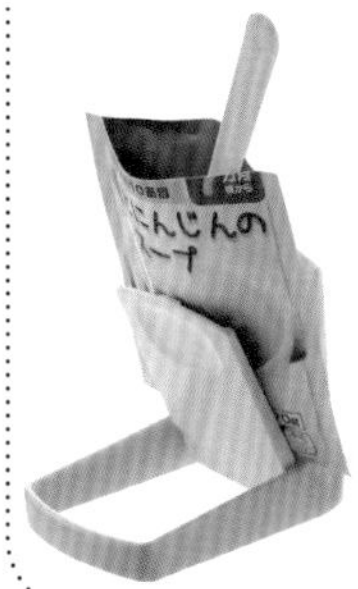

スープジャー

スープジャーなら、外出先でも冷えたまま、温かいままで食べられます。冷凍＆電子レンジOKのものもある。

ヌードルカッター

うどんなどを器の中で好みの長さに切れる離乳食用はさみ。切れ味抜群でパスタもサクサク切れる！

レトルトパウチスタンド

レトルトタイプの離乳食を立てて固定できるので、器に移しかえる必要なし！ コンパクトに折りたためる。

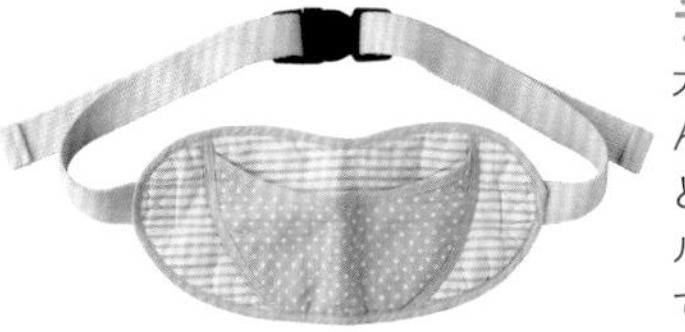

チェアベルト

大人用の椅子でも赤ちゃんをひとりで座らせることができるお座り補助ベルト。大人の腰に装着して使用可能なものも。

離乳食期の調味料&油の使い方

大人用の料理には欠かせない「調味料」と「油」。離乳食では赤ちゃんの健康のため注意が必要です。

○ モグモグ期から
ごく少量のみ使用を！

× 1歳を過ぎてから

調味料の使い方

モグモグ期までは調味料は使用しなくてOK

調味料は塩分や食品添加物が多く含まれるのでできるだけ控え、食材の持つ味を生かした調理法を工夫したいものです。基本的にゴックン期は調味料は使いません。モグモグ期以降も、メニューのバリエーションのために味をつける必要はありません。味付けはほんのひとつまみ程度のごく少量が原則。1歳を過ぎても、大人の食事を2～3倍に薄めた味付けが目安です。塩は食材に含まれている場合もあるので薄めを心がけましょう。上白糖は消化が早く、エネルギー源にもなりますが、強い甘みに慣れると自然な味を嫌がるようになるので注意が必要です。

マヨネーズとお酒は必ず加熱を

マヨネーズには生卵が含まれるので、1歳までは加熱して与えます。調理酒やみりんを使用するときには必ず加熱し、アルコールをとばして使用を。

はちみつと黒砂糖は1歳過ぎから

はちみつと黒砂糖には、食中毒の原因となるボツリヌス菌が混入している危険があります。1歳未満の乳児は抵抗力が低いため与えるなら1歳以降に。

油の使い方

油脂も成長に必要な栄養素。与えすぎに注意

サラダ油やごま油、バターなどの脂質は炭水化物やたんぱく質とともに三大栄養素とよばれ、体の成長に欠かせないものですが、赤ちゃんの内臓に負担をかけないよう適量を心がけましょう。また、脂質は脂溶性ビタミンの吸収を助ける作用があるので、にんじんやピーマンなどの緑黄色野菜は油と調理するとよいでしょう。使用する油脂はできるだけ材料がわかるものがベター。サラダ油ばかりでなく、オリーブ油やバターも利用するとよいでしょう。トランス脂肪酸が含まれているマーガリンは使わないで。

○

× マーガリンは
赤ちゃんには
NG

○ △

離乳食には
加熱用では
オリーブ油が、
生では
あまに油か
しそ油が
おすすめ

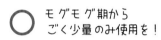

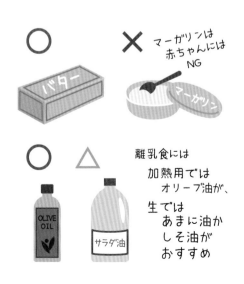

Part 4

離乳食の不安&悩みを解消！

理由は違えど、どんな子どもにも悩みはつきもの。
離乳食を進めていく中で、多くのママ&パパたちが抱える悩みを取り上げ、
対処法や解決策をまとめました。
次なるステップ、幼児食の基本もチェックしておきましょう。

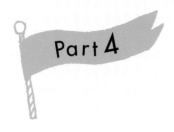

しっかり知識を得ておきたい

食物アレルギー

命に関わる症状が出ることもある食物アレルギー。正しい知識を持って、離乳食は慎重に始めましょう。

食物アレルギーについての知識を持っておこう

離乳食を始めるときに気になるのが食物アレルギー。食物アレルギーは、食べ物を口にしたときに、体がそれを「体に入れてはいけない異物＝アレルゲン」ととらえ、追い出そうとする「免疫」の働きによって起こります。症状が出やすいのは、0歳から3歳までの乳幼児。乳児期の食物アレルギーは、アトピー性皮膚炎等で皮膚が正常な状態でない場合に空気中に飛散した粒子が皮膚に侵入して生じます。妊娠中または授乳中の母親の食べ物とは関連ありませんので安心してください。また、予防するためには「皮膚に炎症を起こさないこと」が大切です。

①保湿剤（ワセリン）を塗る。

②炎症が起きたら薬（ステロイド外用剤等）を塗り、早く治す。

③離乳食は遅らせず進める。

以上3点を行うことでリスクが下がります。就学前までに治る子どもが多いので、心配しすぎることはありません。正しい知識を持って対処しましょう。

アレルギーが心配な食材は少しずつ与えて様子を観察

アレルギーの原因はたんぱく質なので、たんぱく質を含む食品はすべてアレルゲンになる可能性があります。中でも乳児期にアレルゲンとなる食材で多いのが鶏卵、牛乳、小麦で「3大アレルゲン」といわれています。最近では、木の実類も注意を促されています。はじめて与える食品は「少量ずつ」「1品ずつ」与えること。1品ずつ与えるとアレルゲンとなる食材が見極めやすいからです。

そして食物アレルギーは自己判断しないことも大切。勝手にその食材を食べさせるのをやめると、必要な栄養素が不足してしまいます。また、症状が軽いからといって食材を与え続けると、重症化する可能性もあります。「アレルギーかも」と思ったらまずはアレルギー専門医*に相談しましょう。

アナフィラキシーショックって何?

皮膚、消化器、呼吸器など複数のアレルギー反応が急激に起こり、呼吸困難や血圧低下など命に関わる症状が現れます。顔色が真っ青になる、呼吸が浅く速くなるなど急変が生じたらすぐに病院へ。応急処置としてアドレナリン自己注射薬を打つ方法もあるので、心配な人は医師に相談を。

*アレルギー専門医とは、日本アレルギー学会認定の専門医・指導医のことです。

食物アレルギーの診断は専門医のもとで正確に

食物アレルギーの治療には、アレルギー専門医による適切な診断が不可欠。いくつかの検査をしてアレルゲンを特定し、除去するべき食物や代替食が総合的に判断されます。基本的な診断の手順は、以下の通りです。

①問診・症状観察

家族のアレルギー歴、赤ちゃんの食物日誌や症状などをもとに診断。

②血液検査もしくは皮膚テスト

血液検査により抗体価などを測定。もしくは、疑いのある食物のエキスを皮膚につけて反応をみる。

③食物除去試験

疑いのある食物を完全除去して、症状が改善するかを調べる。

④食物経口負荷試験

疑いのある食物を少量食べてみて、症状が現れるかを調べる。

これらの検査でアレルゲンとなる食物が判明したら、離乳食からその食物を除去していきます。しかし、完全除去は少なく、少量なら食べられることが多いので、アレルギー専門医の指導を受けて進めましょう。

アレルゲンが確定したら必要最低限の除去食を

赤ちゃんの健康のためにも、除去は必要最低限にしたいもの。たとえば卵なら、卵白はダメでも固ゆでの卵黄なら大丈夫、ということもあります。卵の代わりに乳製品や豆類でたんぱく質を補うことも大切。アレルギー専門医や栄養士と相談しながら慎重に離乳食を進めましょう。

また、食物アレルギーは0歳児がピーク。成長にしたがい改善されることが多いので、半年〜1年に一度は病院で診療を受けるように心がけましょう。

どんな症状が出るの？（主な症状と発症率）

皮膚症状（85.2%）

皮膚の湿疹やかゆみ、じんましん、腫れなどの症状。食物アレルギーの症状でもっとも多いのがじんましん。赤いボツボツができてかゆくなります。皮膚が赤くなったりむくんだりすることも。唇や口のまわりは赤くなったり、腫れあがったりします。舌がピリピリする、のどの奥がかゆいなどの違和感も。また、目は充血したり、まぶたが腫れたりします。最初は手や顔に症状が現れ、次第に全身に広がることが多いようです。

呼吸器症状（36.4%）

ぜん息や、呼吸がゼーゼーしたり、のどが締め付けられるように苦しい、せき、呼吸困難などの症状が現れます。

消化器症状（30.8%）

消化器系の症状として、腹痛、下痢、吐き気、嘔吐、血便などが現れることがあります。腹痛や胸やけは目に見えず、乳幼児は不調を感じても言葉でうまく伝えることができません。食べた直後に吐き出したり、激しく泣いたりしたときには、アレルギーを疑いましょう。

粘膜症状（30.5%）

鼻水、くしゃみ、鼻づまりが主な症状。食後すぐに症状が現れた場合は要注意です。

ショック症状（10.9%）

皮膚が赤くなったり、息苦しくなったり、激しい嘔吐などの症状が複数同時にかつ急激に現れます。

※出展：令和3年度「食物アレルギーに関連する食品表示に関する調査研究事業」報告書（令和4年3月消費者庁）

鶏卵

アレルゲンの代表格。固ゆでにした卵黄から始めるのが原則

卵白に含まれるたんぱく成分が主な原因です。卵は加熱をするとアレルギー反応が出にくくなるため、はじめて卵を食べさせるときには固ゆでの卵黄のみを小さじ1程度に。様子をみながら少しずつ量を増やし、固ゆで卵黄に慣れたら、固ゆでの卵白を徐々に与えていきます。加熱した卵が食べられても、生卵は離乳食期には与えないように。なお、心配して与える時期を遅らせるべきではありません。一般的なスケジュールに則って継続的に摂取することが推奨されています。

卵はマヨネーズや洋菓子、練り物、ハムやソーセージ、めん類などに姿を変えて含まれていることもあります。市販品を買うときは、原材料の表示を確認しましょう。

気をつけたい食材

- 洋菓子(ケーキ、クッキー)
- 練り物(かまぼこ、ちくわ)
- 肉加工品(ハム、ソーセージ)
- マヨネーズ　など

アレルギー反応が出てしまったら…

調理のアイデア

卵は栄養価が高いので、肉類、魚類、豆類で栄養を補給しましょう。ハンバーグなどのつなぎは片栗粉や小麦粉、すりおろしたいもで代用。揚げ物の衣も水と片栗粉を混ぜればOK。ケーキは重曹やベーキングパウダーで膨らみます。卵不使用のマヨネーズなど、アレルギーに対応した市販品も上手に利用しましょう。

代替となる食材

豆腐　納豆
乳製品
肉類
魚介類　など

牛乳・乳製品

アレルギー対応製品を使って料理の幅を広げて

牛乳は、卵に次いで多いアレルゲン。牛乳に多く含まれるたんぱく質(アルファS1-カゼイン)がアレルギー症状を引き起こす主な原因となっています。また、牛乳は鉄の含有量も少ないため、1歳未満で1日400㎖以上与えると鉄欠乏性貧血を起こしやすくなります。0歳児には調理で少量使う程度にとどめるのがベスト。飲み物として与えるのは1歳を過ぎてからにしましょう。

乳製品は牛乳に含まれるたんぱく質を含むので、はじめて与えるときはバター、チーズ、ヨーグルト、生クリームなどにも注意が必要です。牛乳を含むパン、洋菓子、市販のルウなどにも気を配りましょう。

気をつけたい食材

- 乳製品(バター、チーズ、ヨーグルト、生クリーム)
- パン
- 市販のルウ　など

アレルギー反応が出てしまったら…

調理のアイデア

調理には、市販のアレルギー用マーガリンやルウを活用して。洋菓子にはココナッツミルクや豆乳もおすすめです。牛乳を除去することで不足しがちなカルシウムは、小魚、海藻、大豆製品、青菜などで補給を。授乳には、アレルギー用ミルクが市販されているので、利用してもよいか医師に相談してみましょう。

代替となる食材

豆腐　納豆
肉類　海藻
しらす干し　ひじき
小松菜　など

小麦

米粉パンや米粉めんを取り入れながら、米中心の食生活に

　乳児期では、小麦は、鶏卵、牛乳に続いて3番目に多いアレルゲンです。牛乳と同様、加熱してもアレルゲンとなる性質は変わらないので注意が必要。小麦粉には薄力粉、中力粉、強力粉、デュラムセモリナ粉などがあります。パン、うどん、マカロニ、スパゲッティ、ワンタンの皮など、子どもが好む多くのものに含まれています。

市販されているルウや洋菓子などにも含まれていることがあるので、はじめて与えるときには表示にも注意を。なお、しょうゆは原材料に小麦が表示されていますが、醸造の過程でアレルゲンとなるたんぱく質が分解されるため、調理に使っても大丈夫です。

気をつけたい食材

- パン
- うどん
- マカロニ、スパゲッティ
- 市販のルウ
- 洋菓子（ケーキ、クッキー）

など

アレルギー反応が出てしまったら…

調理のアイデア

米食を中心に、米粉パンや米粉めんも活用を。めん類としてはるさめやビーフンを使うのも◎。シチューやカレーのルウには米粉や片栗粉などのでんぷんを使用。揚げ物は、でんぷんと水を混ぜ合わせたもの、米粉パンやはるさめを砕いたもので代用できます。米粉、おから、上新粉、タピオカ粉などでおいしいお菓子も作れます。

代替となる食材

- 米
- くず粉
- 片栗粉
- コーンスターチ

など

ナッツ

近年増加傾向にあり注意。お菓子や調味料にも隠れていることがある

　最近、注意喚起されているのが「ナッツ（木の実）」です。1〜2歳児のアレルゲンとして鶏卵、牛乳に続き3番目に入ってきます。中でも、くるみが原因でアレルギーを発症する人が増えています。そもそもナッツは5歳未満の乳幼児には窒息《ちっそく》・誤飲《ごいん》予防のため与えないのが原則ですが、手作りパンやお菓子に粉末を利用する際には細心の注意が必要です。

　アレルギーの場合、アナフィラキシーショックなど重症化する恐れの多い食材です。アーモンドやココナッツなどは洋菓子類の粉体材料（パウダー）として多く使用されています。製品の外見だけではわかりにくいので、とくに店頭販売や外食では、必ず原材料を確認しましょう。

気をつけたい食材

- くるみ
- カシューナッツ
- アーモンド
- マカダミアナッツ
- ピスタチオ
- ヘーゼルナッツ
- ココナッツ

など

アレルギー反応が出てしまったら…

調理のアイデア

まずは、ナッツのうち、どの種類にアレルギー症状が出てしまうのかを検査しましょう。ナッツ類をひとくくりにして除去する必要はありません。アレルギー症状の出ないナッツもあるかもしれません。
なお、生活習慣予防にはさまざまなメリットがありますが、ナッツは乳幼児にとって主要な食品ではないので、あえて代替品など考え、食べさせなくても大丈夫です。

野菜・果物

離乳食では加熱して食べさせるほうが安心

　りんご、もも、キウイフルーツ、バナナは、加工食品に含まれる場合に表示を推奨されている品目です。ほかの果物や野菜でも、食べると唇や舌、のどが腫れてかゆくなったり、じんましん、腹痛、下痢などを起こすこともあります。まれですが、アナフィラキシーショックを引き起こすことも。加熱するとアレルギーになりにくく、ジャムやコンポートは大丈夫なこともあるので、病院で詳しく検査してもらいましょう。

調理のアイデア

アレルゲンでない果物や野菜は積極的に取り入れて。はじめて与える果汁も加熱してから飲ませましょう。

気をつけたい食材

- りんご
- もも
- キウイフルーツ
- バナナ
- オレンジ　など

そば

そばをゆでたあとの鍋にも注意が必要

　そばは、ほかの食材よりも危険性が高く、微量でもアナフィラキシーショックを引き起こす可能性があります。ゆで汁や、飛散しているそば粉にも注意が必要なので、そばを扱う店での外食もおすすめできません。鍋など調理器具の洗浄にも注意しましょう。

　加工食品での表示も義務付けられているので、お菓子やお茶などを購入するときにも確認を忘れずに。

調理のアイデア

めん類はうどんやパスタで。ひえやあわを使った雑穀めんも売っているのでチェックしてみましょう。

気をつけたい食材

- 和菓子（まんじゅう）
- 韓国冷めん
- パンケーキ
- （そばの）はちみつ　など

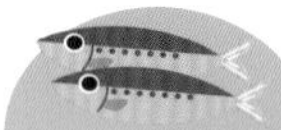

魚介類・魚卵

甲殻類のアレルギーは就学時以降に増加

　鶏卵や乳製品、小麦などのアレルギーは0歳児がピークで、年齢とともに症状が減少していくのに対し、魚介類・魚卵アレルギーは増加していく傾向があります。また、えびやかになどの甲殻類は就学時以降に発症し、大人になるまで続くことも。魚介類を与えるときは、脂の少ない真だいやひらめなどの白身魚から始めましょう。魚卵や甲殻類は、あえて離乳食期に与える必要はないでしょう。

調理のアイデア

魚全般を除去するときはビタミンDを補うしいたけやきくらげを活用しましょう。

気をつけたい食材

- 甲殻類（えび、かに）
- 魚卵（いくら、すじこ、たらこ）
- 貝類
- 練り物　など

アレルギー表示対象品目について

現在、市販されている食品に食物アレルギーを起こしやすい原材料が含まれている場合、それを表示することが法律で定められています。表示が義務づけられているのは7品目（特定原材料）、推奨されているのは21品目（特定原材料に準ずるもの）です。アレルゲンが確定している赤ちゃんのみならず、離乳食期の赤ちゃんに与える食品を購入するときには、原材料の表示を確認しておくと安心です。

義務表示

卵、乳、小麦、そば、落花生、えび、かに

※2025年4月1日より「くるみ」も追加されることが決定しています

推奨表示

アーモンド、あわび、いか、いくら、オレンジ、カシューナッツ、キウイフルーツ、牛肉、くるみ、ごま、さけ、さば、大豆、鶏肉、バナナ、豚肉、まつたけ、もも、山いも、りんご、ゼラチン

食物アレルギー Q&A

なるべくアレルギーのない子に育てたい、もしアレルギーになってしまったら……食物アレルギーの気になる疑問にお答えします。

Q アレルギーって遺伝するの？

A 遺伝的要素が強いといわれています。

親がアレルギー体質だと、子どももその可能性は高いです。しかし必ずアレルギー反応が出るとは限りません。親が食物、花粉、アトピーなどのアレルギーがある人は、事前にアレルギーの知識を得ておきましょう。心構えがあれば、症状が出ても落ち着いて対応しやすくなります。

Q 花粉症と食物アレルギーは関係ある？

A 果物・野菜アレルギーと関連しています。

花粉症を起こすアレルゲンであるたんぱく質の構造が、果物や野菜のアレルゲンと共通しているため、花粉症の人や子どもは果物・野菜アレルギーになりやすいです。スギ・ヒノキ花粉症はトマト、ブタクサ花粉症はウリ科の食物、白樺、ハンノキの花粉症では、りんごやもも、さくらんぼ、なしというように種類により異なります。

Q 食物アレルギーって予防できるの？

A 環境を整えることから始めましょう。

まずは赤ちゃんの肌を正常に保つことが大切。アトピー性皮膚炎などがある場合はできるだけ早く治します。

完全には予防できませんが、症状を最小限にとどめる方法はいくつか提唱されています。プロバイオティクス（ヨーグルトや乳酸菌飲料）、プレバイオティクス（オリゴ糖やセルロースなどの食物繊維）で腸内の善玉菌を増やす、食材は加熱して少量ずつ与えるなどです。

Q 口のまわりのかぶれ。これってアレルギー？

A 赤ちゃんの肌はよだれでもかぶれます。

赤ちゃんの口のまわりのかぶれは、よだれが原因であることが多いようです。よだれが出たら、やわらかい布でまめにやさしくふきとり、ワセリンなどで保湿して、肌荒れを防ぎましょう。

それでも治らなければアレルギーの可能性もあります。ただし自己判断は禁物。病院で診察を受け、アレルギーの有無を確認しましょう。

Q アレルギーが出た！ 今後どう対応すべき？

A 自己判断せずにまずは病院で相談を

まずは病院で確定診断を受けてアレルゲンを特定し、アレルゲンを完全除去か、部分除去か確認しましょう。医師や栄養士の指示に従い、食事療法を実施します。乳児期は半年に1回、幼児期は半年〜1年に1回は病院で検査をしてアレルギー反応に変化がないか確認しましょう。

＼栄養&時期別／ OK／NG食材ガイド

食べさせても大丈夫か不安があれば、食材ガイドでチェック！　安心できるものから少しずつ始めましょう。

焦らずゆっくり 量や品目は徐々に増やす

いよいよ離乳食のスタート。おいしくて栄養のあるものをたくさん食べさせてあげたいと思うのが親心。でも、赤ちゃんの胃や腸は未熟です。消化器に負担の少ないものから少しずつ食べさせて、徐々に種類や量を増やしていきましょう。アレルギーの心配もあるので、はじめて食べるものは1日1種類に。よく加熱することも大切です。すりつぶしたり、とろみをつけたりするなど食べやすく調理し、赤ちゃんと離乳食タイムを楽しみましょう。

<記号の説明>

- ○ その時期の赤ちゃんに食べさせて大丈夫。与える量と形や大きさには注意して。
- △ その時期は食べられるが、積極的には食べさせなくてよいもの。様子をみながら少量だけ。
- × その時期にはまだ食べにくく、不向き。基本的に食べさせない。

エネルギー源（炭水化物）

主食となる炭水化物は大切なエネルギー源。
まずは米がゆ、パンがゆ、うどん、じゃがいもから始めましょう。

食材名	ゴックン期 5〜6カ月	モグモグ期 7〜8カ月	カミカミ期 9〜11カ月	パクパク期 1〜1歳半	ポイント
白米	○	○	○	○	最初は10倍がゆから。徐々に水を減らしていきます。
もち	×	×	×	×	のどに詰まらせる恐れがあるので離乳食期は不向き。
うどん	△	○	○	○	やわらかくゆでて細かく刻んであげましょう。
そうめん	×	○	○	○	塩分が多いので下ゆでをするとベター。
そば	×	×	×	×	飲み込みにくく消化しにくいため。
中華めん	×	×	×	○	ノンフライのめんをやわらかくゆでてあげましょう。
ビーフン	×	△	○	○	弾力があるのでやわらかくゆでて刻むこと。
はるさめ	△	○	○	○	やわらかく戻して刻みスープに入れると食べやすい。
食パン	○	○	○	○	最初はパンがゆにすると◎。
バターロール	△	○	○	○	最初は白い部分のみ。脂質が多いので控えめに。
フランスパン	△	○	○	○	固いのでパンがゆにして。塩分が多いので控えめに。
スパゲッティ	×	△	○	○	弾力があるのでうどんよりも遅めにスタート。
マカロニ	×	△	○	○	弾力があるのでやわらかくゆでて刻んであげて。

食材名	ゴックン期 5〜6カ月	モグモグ期 7〜8カ月	カミカミ期 9〜11カ月	パクパク期 1〜1歳半	ポイント
コーンフレーク(プレーン)	×	○	○	○	プレーンタイプをミルクなどでやわらかくして。
オートミール	×	○	○	○	ミルクや湯でやわらかく煮て。電子レンジ加熱可で手軽な食材です。
ホットケーキ	×	×	○	○	市販品よりも手作りがおすすめです。
じゃがいも	○	○	○	○	すりつぶすと食べやすくなります。芽は取り除いて調理しましょう。
さつまいも	○	○	○	○	甘みがあって食べやすい食材。皮をむいてあげましょう。筋も気をつけて。
里いも	×	○	○	○	口のまわりはワセリンなどを塗って、肌を保護するとよいでしょう。
山いも	×	○	○	○	加熱してから。皮膚につくとかゆくなることもあるのでワセリンで肌を保護して。

少しずつ食材や味付けにバリエーションを

米の10倍の水で作る10倍がゆから始め、徐々に水の割合を減らしていきます。慣れてきたらパンがゆやうどんも織り交ぜて。野菜を煮たスープやミルク、トマトペーストなどで味をつけるのもOK。毎日食べるものなので、一度にまとめて作り、小分けして冷凍すると便利です。

たんぱく質源

成長期には大切な食品ばかりですが、アレルゲンとなる可能性もあるので、食べさせた後の様子は注意。よく加熱したものを少量ずつ食べさせてみます。

	食材名	ゴックン期 5〜6カ月	モグモグ期 7〜8カ月	カミカミ期 9〜11カ月	パクパク期 1〜1歳半	ポイント
魚介類	白身魚(たい、ひらめ、かれい)	○	○	○	○	低脂肪でおすすめ。すりつぶしておかゆやスープと一緒に。
	さけ	×	○	○	○	塩さけではなく生さけを。脂質が多いので少し遅めにスタート。
	赤身魚(まぐろ、かつお)	×	○	○	○	刺し身はNG。加熱して細かくほぐし、おかゆやスープと一緒に。
	青背魚(あじ、いわし、さんま)	×	×	○	○	DHAやEPAが豊富ですが、脂質が多いので、カミカミ期から。
	さば	×	×	△	○	脂質が多く、傷みやすいので、新鮮なものをよく加熱して。
	ぶり	×	×	○	○	脂質が多いので、よくゆでて脂を落として使いましょう。
	カキ	×	×	○	○	よく加熱して細かく刻んで食べやすく。栄養豊富でおすすめ。
	ほたて貝柱	×	△	○	○	細かく刻んで食べやすく。スープのだしとして使うのも◎。

	食材名	ゴックン期 5〜6カ月	モグモグ期 7〜8カ月	カミカミ期 9〜11カ月	パクパク期 1〜1歳半	ポイント
魚介類	あさり・しじみ	×	△	○	○	刻んだものをカミカミ期から。モグモグ期はだしとして使って。
	えび	×	×	×	△	よく加熱して。すりつぶして。
	かに	×	×	×	△	よく加熱して慎重に。缶詰の利用では塩分に気をつけて。
	いか	×	×	△	○	弾力があり食べづらいので、すり身にして使いましょう。
	たこ	×	×	△	○	すり身にしたり、細かくたたいたりすれば食べやすくなります。
	刺し身	×	×	×	×	細菌や寄生虫の心配があるので生ものはNG。加熱すればOK。
	うなぎの蒲焼	×	×	×	△	小骨があり、味も濃く脂質が多いので離乳食には不向きです。
	たらこ	×	×	×	△	塩分が多く離乳食には不向き。しっかり加熱し、ごく少量を。
	うに	×	×	×	×	生は使わないほうがいいでしょう。
	いくら	×	×	×	×	アレルギーの心配があり、塩分も高いので離乳食には不向き。
加工品(魚)	しらす干し	○	○	○	○	よく塩抜きすればOK。傷みやすいので使った残りは冷凍保存を。
	ツナ缶(水煮)(油漬け)	×	○	○	○	水煮(塩分無添加)缶がおすすめ。湯通しして脂を落として。
	さけフレーク	×	×	△	○	塩分や添加物があるので、湯通しして量は控えめに。
	魚肉ソーセージ	×	×	×	○	塩分や添加物が気になるので、使う場合は無添加のものを。
	かまぼこ	×	×	△	△	かみづらいので不向き。刻んで添加物の少ないものを。
	ちくわ	×	×	△	△	湯通ししてから細かく刻んで。無添加のものを選びましょう。

真だいやしらす干しから

白身魚は低脂肪で栄養価も高いので離乳食におすすめ。真だいなど白身魚をすりつぶしたものから始めましょう。一度に使う量はほんの少しなので、刺し身を使うと便利。骨もないので安心です。ただし、よく加熱することを忘れずに。しらす干しは湯通しして塩分を抜けば、おかゆの味付けにも最適です。加工品は、塩分や添加物が気になるのであまりおすすめできません。使うときは添加物の少ないものを選びましょう。

	食材名	ゴックン期 5〜6カ月	モグモグ期 7〜8カ月	カミカミ期 9〜11カ月	パクパク期 1〜1歳半	ポイント
加工品（魚）	さつま揚げ	×	×	△	△	無添加のものを選び、湯通しして塩分や油分を落としましょう。
加工品（魚）	かに風味かまぼこ	×	×	×	△	塩分や添加物が気になるので、使うときは湯通ししましょう。
加工品（魚）	かつおぶし	△	○	○	○	だしに使うのはゴックン期からOK。食べるのはモグモグ期から。
肉	鶏ささ身	×	○	○	○	低脂肪で離乳食に最適。すりつぶして食べやすくしましょう。
肉	鶏肉（むね、もも）	×	△	○	○	皮は取り除き、低脂肪分のささ身に慣れてから使いましょう。
肉	牛肉（赤身）	×	×	○	○	脂肪の少ない赤身肉を。鶏肉に慣れてきてから使いましょう。
肉	豚肉（赤身）	×	×	○	○	脂肪分が多いので鶏肉に慣れてから。しっかり加熱しましょう。
肉	レバー	×	×	○	○	新鮮なものを選んで。すりつぶしたり細かく刻んだりして。
肉	合いびき肉	×	×	×	○	脂肪分が多いので量は控えめに。赤身の多いものを選びましょう。
加工品（肉）	ベーコン	×	×	×	○	塩分と脂肪分が多いので、スープの味付けに使う程度に。
加工品（肉）	ハム	×	×	×	○	塩分や添加物の少ないものを選び、量は控えめにしましょう。
加工品（肉）	コンビーフ	×	×	×	○	塩分、脂質、添加物があるのでなるべく避けて。量は控えめに。
加工品（肉）	ソーセージ	×	×	×	○	無添加で皮なしのものを少量に。下ゆでして塩抜きしましょう。

肉は低脂肪の鶏ささ身からスタート

肉類はモグモグ期からスタート。脂の少ない部分を選んで、鶏肉→牛肉・豚肉の順番で慣らしていきましょう。はじめての肉には鶏ささ身がおすすめ。低脂肪で消化しやすいので、冷凍してすりおろしておかゆに混ぜたり、とろみをつけたスープに入れて加熱すると、食べやすくなります。合いびき肉は一見食べやすそうですが、脂質が多いので1歳を過ぎてから。ひき肉も鶏ささ身や赤身肉をひいたものから慣らしていきましょう。ハムやソーセージなどの加工品は添加物や塩分が気になるところ。離乳食で無理に使うことはありません。スープのだしに使う程度にとどめ、1歳を過ぎてからも食べすぎないように気をつけたいものです。

たんぱく質源

	食材名	ゴックン期 5〜6カ月	モグモグ期 7〜8カ月	カミカミ期 9〜11カ月	パクパク期 1〜1歳半	ポイント
乳製品	牛乳	×	○	○	○	調理に使うのはOK。飲み物として与えるのは1歳から。
	プレーンヨーグルト	×	○	○	○	とろみがあり、野菜や果物との相性も◎。無糖を選びましょう。
	カッテージチーズ	×	○	○	○	塩分や脂肪分が少ないのでおすすめ。裏ごしタイプが便利です。
	プロセスチーズ	×	○	○	○	塩分や脂肪分が多いので、味付けで使う程度にしましょう。
	カマンベールチーズ	×	○	○	○	塩分と脂肪分が多いのでなるべく控えて。使うときも少量に。
	クリームチーズ	×	×	△	△	脂肪分がとても高いので、あまりおすすめできません。
大豆製品	豆腐	○	○	○	○	はじめての植物性たんぱく質に◎。最初は絹ごしを湯通しして。
	大豆（水煮）	×	×	○	○	薄皮はむいて、やわらかく煮たものをつぶしてあげましょう。
	納豆	×	○	○	○	最初は加熱すること。おかゆやうどんに混ぜると食べやすくて◎。
	高野豆腐	△	○	○	○	乾燥したまますりおろしてスープに入れるととろみがついて◎。
	豆乳	○	○	○	○	成分無調整のものを加熱して調理に利用。飲むのは1歳以降に。
	きな粉	○	○	○	○	粉末を吸い込むとむせるので、おかゆやスープなどと混ぜて。
	油揚げ	×	×	△	△	油分が多くてかみづらいので、湯通ししたものを1歳以降に。
	おから	×	△	○	○	ほかの食材と混ぜて食べやすくして。便秘解消にも効果的。

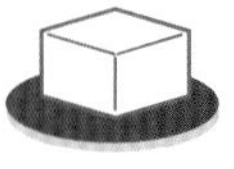

乳製品や大豆製品は離乳食にピッタリ

乳製品は離乳食に適していますが、はじめは少量を与えて様子をみましょう。ヨーグルトは加糖ではなくプレーンを選択。酸味があるので、にんじんやかぼちゃなど甘みのある野菜や、りんごやバナナなどの果物をすりつぶして混ぜてあげると食べやすいでしょう。アレルギー予防のため、野菜や果物は加熱してから使うと安心です。大豆製品も消化吸収がよく栄養があるので離乳食に最適。納豆は大豆そのものよりもさらに栄養価が高い食材です。すりつぶしたひきわり納豆を加熱して、少量ずつ与えましょう。

	食材名	ゴックン期 5〜6カ月	モグモグ期 7〜8カ月	カミカミ期 9〜11カ月	パクパク期 1〜1歳半	ポイント
卵	卵黄	○	○	○	○	固ゆでを1さじから。だしなどでのばしてあげると食べやすい。
	卵白(全卵)	×	○	○	○	卵黄に慣れてきてから少量ずつ。完全加熱するのを忘れずに。
	生卵	×	×	×	×	アレルギーや食中毒の心配があるので離乳食期にはNG。
	卵豆腐	×	×	×	△	塩分や添加物が気になるので、あまりおすすめできません。

卵の進め方と量の目安

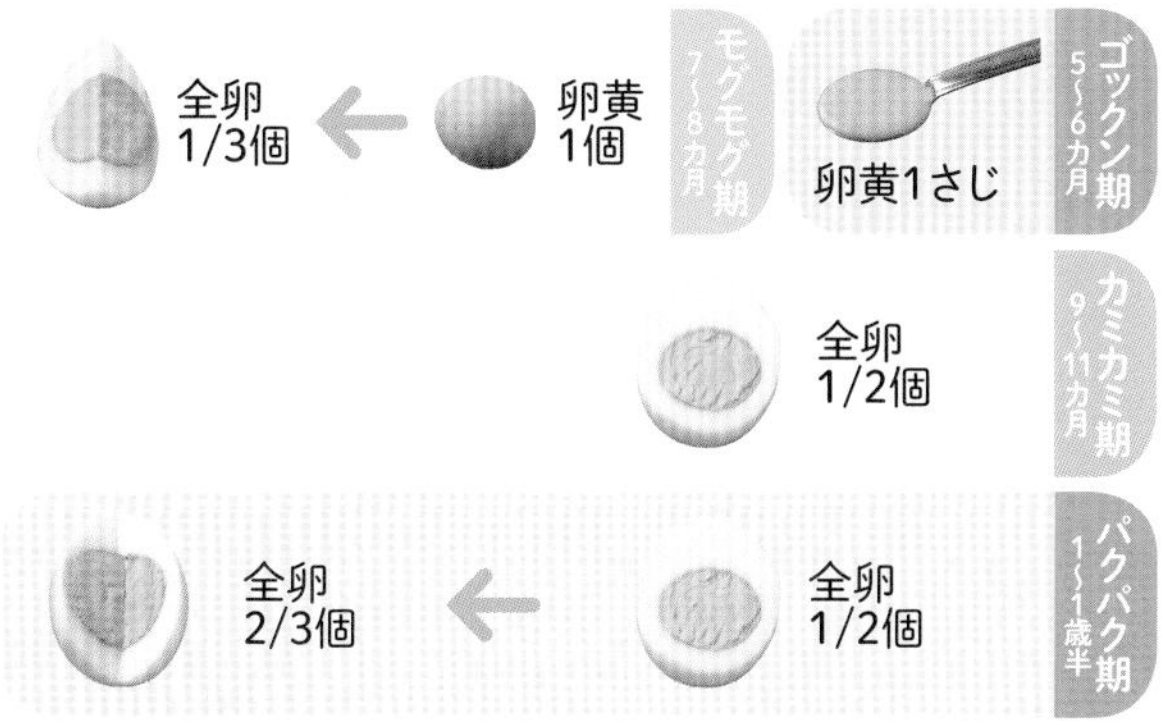

アレルギー反応が強い白身は黄身に慣れてから

ゴックン期は固ゆでの卵黄から慎重にスタート。1さじ与えて様子を観察しましょう。少しずつ卵黄の量を増やし、慣れたら卵白を。卵白も必ず固ゆで(完全加熱)にすること。サルモネラ菌食中毒の心配もあるので、半熟や生卵は与えないようにします。

OK／NG食材

ビタミン・ミネラル源

野菜や果物は加熱すると甘みが増し、ほかの食材と相性抜群。すこやかな成長を助ける大切な栄養源です。

	食材名	ゴックン期 5〜6カ月	モグモグ期 7〜8カ月	カミカミ期 9〜11カ月	パクパク期 1〜1歳半	ポイント
緑黄色野菜	にんじん	○	○	○	○	加熱すると甘くなります。料理の彩りがよくなり栄養も満点。
	ほうれん草	○	○	○	○	やわらかい葉先を利用。ゆでたあとで水にさらしてアク抜きを。
	かぼちゃ	○	○	○	○	加熱してつぶすと口あたりがよく、甘みもあるので離乳食に◎。
	トマト	○	○	○	○	種と皮は取り除いて利用。スープや味付けにも重宝します。
	ピーマン	×	○	○	○	スタート頃はゆでて皮をむいたものをすりつぶして使いましょう。
	おくら	×	○	○	○	種を除いてゆでたものを包丁でたたくと粘りが出て食べやすい。
	ししとう	×	△	○	○	辛みや苦みがあるので無理に食べさせなくてもいいでしょう。
	ブロッコリー	○	○	○	○	ゴックン期はすりつぶしておかゆや、とろみをつけたスープと。

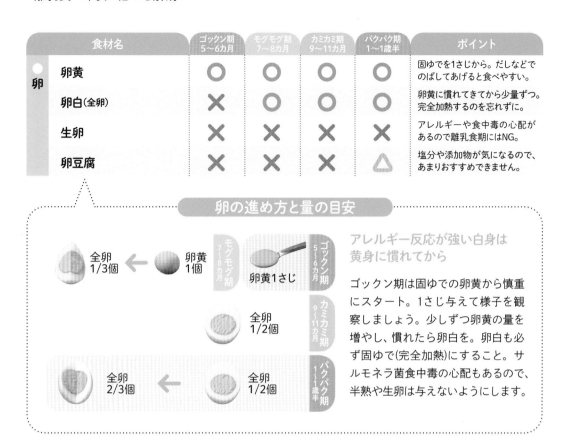

ビタミン・ミネラル源

分類	食材名	ゴックン期 5～6カ月	モグモグ期 7～8カ月	カミカミ期 9～11カ月	パクパク期 1～1歳半	ポイント
緑黄色野菜	グリーンアスパラガス	○	○	○	○	繊維質の少ない新鮮なものを選び、やわらかい穂先を使用。
緑黄色野菜	さやえんどう	△	○	○	○	ゆでて細かく刻んで。とろみをつけると食べやすくなります。
緑黄色野菜	さやいんげん	△	○	○	○	歯ごたえがあり食べづらいので、細かく刻んであげましょう。
緑黄色野菜	大根の葉	○	○	○	○	新鮮な葉をやわらかく煮てすりつぶすと、おかゆとの相性抜群。
緑黄色野菜	かぶの葉	○	○	○	○	新鮮な葉をやわらかく煮てすりぶし、おかゆやスープに。
淡色野菜	大根	○	○	○	○	やわらかく煮ると甘みUP！　すりおろしてから煮るのも◎。
淡色野菜	なす	△	○	○	○	皮をむいて水に浸してアク抜きを。細かく刻んで使いましょう。
淡色野菜	きゅうり	△	○	○	○	皮をむいて加熱。すりおろしてほかの食材と混ぜると◎。
淡色野菜	長ねぎ	○	○	○	○	やわらかく煮ると甘みが出ます。すりつぶしたり細かく刻んで。
淡色野菜	玉ねぎ	○	○	○	○	煮たり炒めると甘みが出ます。すりつぶしたり細かく刻んで。
淡色野菜	レタス	△	○	○	○	加熱してやわらかく。ミキサーを使えばゴックン期でも○。
淡色野菜	キャベツ	○	○	○	○	葉先のやわらかい部分を煮て甘みを出して使いましょう。
淡色野菜	セロリ	○	○	○	○	繊維が多いのでミキサーなどでつぶしてスープにすると◎。
淡色野菜	れんこん	×	△	○	○	アク抜きをしてすりおろし、やわらかく煮て少量から。
淡色野菜	ごぼう	×	△	○	○	アク抜きをしてすりおろし、やわらかく煮て少量から。
淡色野菜	かぶ	○	○	○	○	煮ると甘みが出る。やわらかくなり、クセもないので離乳食向き。
淡色野菜	ハーブ類	×	×	△	○	刺激が強いのであえて与える必要はありません。
淡色野菜	カリフラワー	○	○	○	○	スタート頃は穂先の部分を使用。ゆでて細かく刻んで使いましょう。
淡色野菜	もやし	△	△	○	○	ひげ根と芽をとってゆでて使用。あんかけにすると食べやすい。
豆類	枝豆	×	△	○	○	カミカミ期からすりつぶしてお焼きなどに入れてもOK。
豆類	グリーンピース	×	○	○	○	やわらかくゆでて薄皮をむいてからすりつぶして使いましょう。
豆類	そら豆	○	○	○	○	ゆでてすりつぶします。ミルクと混ぜてポタージュにしても◎。
豆類	あずき	△	○	○	○	水煮の薄皮をむいてつぶして。加糖やあんこは避けましょう。

	食材名	ゴックン期 5〜6カ月	モグモグ期 7〜8カ月	カミカミ期 9〜11カ月	パクパク期 1〜1歳半	ポイント
●果物	りんご	○	○	○	○	すりおろすと食べやすい。整腸作用があるので便秘や下痢に。
	いちご	○	○	○	○	スタート頃はよくすりつぶして。ヨーグルトとの相性も抜群。
	バナナ	○	○	○	○	ねっとりしていて離乳食向き。エネルギー源にもなります。
	みかん	○	○	○	○	薄皮をむいて実のみを。便をやわらかくする作用もあります。
	オレンジ	○	○	○	○	みかん同様実のみを。防腐・防虫剤の不安が少ない国産品が◎。
	もも	○	○	○	○	酸味がなくトロリとした食感が赤ちゃんに人気です。
	メロン	○	○	○	○	果汁で皮膚がかぶれることがあるので注意してあげましょう。
	すいか	○	○	○	○	水分が多いのでゴックン期にも最適。種の誤飲に気をつけて。
	ぶどう	○	○	○	○	ツルッとのどに入ってしまうので皮をむいてつぶしてあげます。
	キウイフルーツ	○	○	○	○	種の部分は取り除いてあげましょう。酸味を嫌がることも。
	なし	○	○	○	○	スタート頃は煮ると食べやすくなります。
	マンゴー	○	○	○	○	口のまわりのかぶれに注意。ワセリンなどで保護してあげて。
	パイナップル	×	×	△	△	繊維が多く食べづらいので、無理に与える必要はありません。
	アボカド	×	△	△	○	脂質が多くあまりおすすめできません。あげるときは少量に。
	ブルーベリー	○	○	○	○	皮をむいてつぶしてヨーグルトなどに混ぜて与えましょう。
	ドライフルーツ	×	×	△	△	糖分が多いので量は控えめに。湯でもどしてやわらかくして。
	フルーツ缶詰	△	○	○	○	できれば生の果物を。使うときはシロップを洗い流しましょう。

離乳食には旬の野菜や果物をたっぷりとるように

野菜は加熱調理が原則ですが、苦いもの、えぐみの強いもの、一部のハーブ類のように強い薬理作用のあるもの、調理をしてもやわらかくなりにくいものを除いて、離乳期にとくに与えてはいけないものはありません。果物はアレルギー予防の面から、加熱すると安心です。とくに生のパイナップルは、たんぱく質分解酵素が含まれているため舌がピリピリするので、加熱するのがおすすめ。

ビタミン・ミネラル源

分類	食材名	ゴックン期 5〜6カ月	モグモグ期 7〜8カ月	カミカミ期 9〜11カ月	パクパク期 1〜1歳半	ポイント
海藻	わかめ	×	△	○	○	塩蔵品は水洗いして十分に塩抜きしてからやわらかく煮ましょう。
海藻	ひじき	△	△	○	○	やわらかく煮たものをご飯や豆腐と混ぜて食べやすくして。
海藻	焼きのり	△	○	○	○	煮たり水に浸してとろとろに。のどにくっつかないように注意。
海藻	青のり	△	○	○	○	吸い込んでむせないように、おかゆや豆腐に混ぜてあげましょう。
海藻	味付けのり	×	×	×	△	味も濃く添加物も気になるのでなるべく避けましょう。
海藻	韓国のり	×	×	×	△	塩分や油分が高く味も濃いので離乳食には不向きです。
海藻	のりのつくだ煮	×	×	×	△	市販品は塩分が多いのでNG。焼きのりで薄味に手作りすると◎。
海藻	とろろこんぶ	×	△	○	○	塩分が多く消化もよくありません。細かく刻んで少量に。
海藻	寒天	△	△	○	○	いろいろな食材をゼリー状に。のどに詰まらせないよう注意。
海藻	ところてん	×	△	○	○	酸味のあるタレは洗い流して、細かく刻んであげましょう。
海藻	もずく	×	△	○	○	細かく刻んでおかゆやスープに。量は控えめにしておきましょう。
海藻	炊き込みわかめ	×	△	△	△	塩分や添加物が気になるのであまりおすすめできません。
海藻	おしゃぶりこんぶ	×	×	×	×	塩分や添加物があり消化も悪い食材。おやつにあげるのもNG。
その他	きのこ全般	×	△	○	○	歯ごたえが残るので細かく刻んで。食べすぎによる下痢に注意。
その他	しそ	○	○	○	○	風味付けに使ってもよいですが、無理に与えなくてもOK。
その他	にんにく	×	×	△	△	刺激が強いので注意。にんにくオイルなら問題なし。
その他	しょうが	×	×	△	△	刺激が強いのであえて与えなくてもいいでしょう。
その他	ミックスベジタブル	○	○	○	○	よく加熱して、皮のついているものはむいて使いましょう。
その他	ジャム	×	△	△	△	糖分が少なく無添加のものを選び、少量ずつ与えましょう。
その他	ごまペースト	×	×	△	△	エネルギーが多めなので少量から始めましょう。
その他	梅干し	×	△	○	○	塩分が多いので、味付けにほんの少量使う程度に。
その他	ふりかけ	×	×	×	△	市販品は塩分、添加物、着色料があるのでおすすめできません。
その他	こんにゃく	×	×	×	×	かみ切れず、のどに詰まらせる危険性があるのでNG。

離乳食に調味料は不要。食材の味を生かして薄味に

離乳食は薄味が基本。食材に含まれる塩分や甘みだけで十分なので、調味料はなるべく使わないようにしましょう。トマトケチャップは味が濃いので、使いたいときは味付けをしていない無添加のトマトピューレがおすすめ。マヨネーズは生卵が含まれているのでアレルギーの心配があります。大人のものを取り分けるときにも注意し、赤ちゃんが口にするときは必ず加熱しましょう。

海藻類は塩分に気をつけて市販品は避けてなるべく手作りに

海藻類は体によいのですが、消化があまりよくないのでカミカミ期から少量ずつ。味付けのり、韓国のり、のりのつくだ煮などは塩分が多く離乳食には不向き。のりのつくだ煮は焼きのりを水から煮ると簡単に手作りできるので、与えるときはぜひ手作りで。ふりかけも、離乳食に使える野菜や青のりをフードプロセッサーを使って手作りすれば、添加物の心配がなく安心です。

調味料・油

離乳食に調味料は必要ありません。風味付けに使うときもごく少量にとどめましょう。だしは手作りするか、無添加のだしパックがおすすめです。

食材名	ゴックン期 5〜6カ月	モグモグ期 7〜8カ月	カミカミ期 9〜11カ月	パクパク期 1〜1歳半	ポイント
砂糖(上白糖)	△	○	○	○	食材から出る甘みで十分なので味付けには不要。使うとしても量は控えめに。
塩	×	△	△	△	母乳や食材にもともと含まれている塩分だけで十分。なるべく使いません。
酢	△	○	○	○	赤ちゃんは酸味を嫌うので、あえて使う必要はないでしょう。
しょうゆ	×	△	○	○	塩分が多いので味付けには不要。風味付けに使うときも1〜2滴程度に。
みそ	×	△	○	○	無添加のものをチョイス。量は控えめに、みそ汁は大人の3〜4倍の薄さに。
トマトケチャップ	×	○	○	○	味が濃いので使うとしても少量に。トマトピューレのほうがおすすめ。
マヨネーズ	×	×	×	×	鶏卵アレルギー予防の面から加熱すればカミカミ期から少量なら可。
バター	△	○	○	○	乳脂肪で赤ちゃんが吸収しやすい食材。少量使うとよいでしょう。
マーガリン	×	×	×	×	トランス脂肪酸が多く含まれるので与えません。
生クリーム	×	○	○	○	脂肪分が高いので控えめに。植物性は添加物があるので×。
ソース(ウスター、中濃)	×	×	×	△	塩分、糖分、添加物が多く、スパイスの刺激も強いのでおすすめできません。
オイスターソース	×	×	△	○	風味付け程度に少量ならいいですが、あえて使う必要はありません。
みりん	×	×	△	△	糖分が高いのでなるべく避けて。必ず加熱してアルコールを飛ばします。
無添加だしパック	○	○	○	○	無添加で良質のだしパックをチョイス。手作りするのもおすすめ。

調味料・油

食材名	ゴックン期 5〜6カ月	モグモグ期 7〜8カ月	カミカミ期 9〜11カ月	パクパク期 1〜1歳半	ポイント
だしの素	×	×	△	△	塩分や化学調味料が含まれているのでなるべく使わずに天然素材で。
コンソメ(市販)	×	×	×	△	塩分が多いので使わないほうがいいでしょう。使うときはベビー用コンソメを。
鶏がらスープの素	×	×	△	△	塩分が多いので使わないほうがいいでしょう。鶏肉を煮だしたスープを使うと◎。
白だし	×	×	△	○	使うときは味付けは薄めに。無添加のものを選びましょう。
こしょう	×	×	△	△	刺激が強すぎるのであえて使う必要はないでしょう。
香辛料(わさび、からし、唐辛子)	×	×	×	×	刺激が強いので与えないほうがいいでしょう。取り分け料理でも気をつけて。
ポン酢しょうゆ	×	×	△	△	塩分が多いので使わないほうがいいでしょう。使うときは無添加のものをチョイス。
めんつゆ	×	△	△	○	無添加のものを選んでごく少量に。大人の4〜5倍の薄さが目安です。
ドレッシング	×	×	△	△	油分、塩分、香辛料などが多く含まれているので使わないほうがいいでしょう。
焼肉のタレ	×	×	△	△	塩分や香辛料が多く含まれていて刺激が強すぎるのでなるべく避けましょう。
カレー粉	×	×	△	△	刺激が強いので使わないほうがいいでしょう。風味付けに使うならごく少量に。
テンメンジャン	×	×	△	○	味が濃くならないように、使うときは少量にとどめましょう。
はちみつ	×	×	×	○	ボツリヌス菌による食中毒の恐れがあるので1歳までは与えないこと。
サラダ油	×	△	△	△	リノール酸の油なので、アトピー性皮膚炎など炎症が強い場合は控えて。
オリーブ油	△	○	○	○	熱や酸化に強く健康にもよいのでおすすめです。量はひかえめに。
コーン油	△	○	○	○	リノール酸の油なのでとりすぎないように気をつけましょう。
ごま油	△	△	△	△	リノール酸を多く含むので、とりすぎに気をつけましょう。
しそ油	△	○	○	○	熱に弱いのでドレッシングやあえものなどに生で少量使うといいでしょう。
えごま油	△	○	○	○	炎症予防にもなる体にやさしい油。生で少量使うとよいでしょう。

油は良質のものを選び、とりすぎに注意を

アレルギーによる炎症の予防には、α-リノレン酸を含むしそ油やえごま油がおすすめですが、熱に弱いので生で使います。加熱料理には熱と酸化に強いオリーブ油が最適です。また、リノール酸のとりすぎはアトピー性皮膚炎やぜん息の炎症を悪化させるといわれています。でも、あくまで「とりすぎ」が問題なので、適量はとるようにして。

飲み物

お茶類はカフェイン、ジュース類は糖分が気になるので、飲み物は白湯が基本。
麦茶もなるべくベビー用や無添加のものを選びましょう。

食材名	ゴックン期 5〜6カ月	モグモグ期 7〜8カ月	カミカミ期 9〜11カ月	パクパク期 1〜1歳半	ポイント
麦茶	△	△	○	○	大人用のものを飲ませるときは無添加のものを選び、白湯で薄めましょう。
緑茶	×	△	△	○	カフェインやタンニンが含まれているため、与えるときは薄めて少量に。
ほうじ茶	×	△	△	○	カフェインが含まれているため、薄めて少量にとどめましょう。
番茶	×	△	△	○	カフェインやタンニンが含まれているため、薄めて少量にとどめましょう。
コーヒー	×	×	×	×	カフェインが多く刺激が強いので飲ませないようにしましょう。
ココア	×	×	△	○	砂糖が入っていないものを少し風味づけにミルクに入れる程度ならOK。
紅茶	×	×	×	△	カフェインやタンニンが多く含まれているため飲ませないほうがいいでしょう。
ハーブティー	×	×	×	△	人体に有害な成分を含むものもあるので、与えないほうがいいでしょう。
ウーロン茶	×	×	×	△	カフェインが多く含まれているのでなるべく避けたほうがいいでしょう。
ミネラルウォーター	×	×	×	△	ミネラルが消化器官に負担をかけます。生水でもあるので避けましょう。
果汁100%ジュース	×	△	△	△	糖分が多いので2〜3倍に薄めたものを少量にとどめましょう。
野菜ジュース	×	△	△	△	無塩のものを選び、薄めて飲ませましょう。量は控えめに。
果汁入りジュース	×	△	△	△	糖分が多く、香料や添加物も気になるので避けたほうがいいでしょう。
乳酸菌飲料	×	×	△	△	糖分がとても多いのであまり飲ませないほうがいいでしょう。
炭酸飲料	×	×	×	×	刺激が強く糖分も多いため飲ませないほうがいいでしょう。
シェイク	×	×	×	×	糖分が多いので飲ませないほうがいいでしょう。
幼児用ジュース	×	△	△	△	糖分が多いので飲ませすぎに注意して。1歳までは乳児用果汁がおすすめ。
生水	×	△	△	○	水道水ならOK。浄水器は雑菌の心配があるので、沸騰後冷まして。
飲むヨーグルト	×	×	△	△	糖分が多いので飲ませすぎないように注意しましょう。
コーヒー乳飲料	×	×	×	×	カフェインが含まれていて糖分も多いので飲ませないほうがいいでしょう。
ベビー用イオン飲料	△	△	△	△	発熱や下痢のとき、脱水の予防に利用可ですが、ふだんは不要です。
スポーツドリンク	×	×	×	×	糖分が多く塩分が少ないので乳児には飲ませないほうがいいでしょう。

こんなときはどうしたらいい？

体調が悪いときの対処法

赤ちゃんが体調を崩すととても心配ですが、そんなときこそ落ち着いて赤ちゃんを安心させてあげましょう。

赤ちゃんの様子をみながら医師の指示に従い対応を

熱を出したり下痢をしたり嘔吐したり、赤ちゃんが体調を崩したときは、まず病院で診察を受けて医師の指示を仰ぐのが一番。でも、あらかじめ基本的な対処法を知っていれば、より落ち着いて対応ができて安心です。

発熱や下痢、嘔吐などで気をつけなければならないのが脱水症状。赤ちゃんは体の70～80％が水分といわれていますが、水分を保持する働きが未熟なため脱水症状を起こしやすいのです。食欲がなければ無理に食べさせる必要はありませんが、水分補給はしっかりしましょう。病気の改善とともに食欲も自然に回復してくるので、焦らずに様子を見守りましょう。病気中は胃や腸に負担が少ない消化のよいものを与えましょう。

体調が悪いときの対応

1 水分補給を忘れずに

赤ちゃんの病気でもっとも心配なのが脱水症状。とくに発熱、下痢、嘔吐のときは水分を失いやすいので気をつけて。小まめに補給してあげましょう。

2 無理に食べさせる必要なし！

食欲がなければ、病気中に無理に食事を与える必要はありません。水分補給を心がけ、症状が落ち着き、自然と食欲が回復してくるのを待ちましょう。

3 食欲が出てきたら、徐々に離乳食を再開

食欲が出てきたら、おかゆやうどん、スープなどから再開。胃腸に負担のかかる繊維質と油は控えめに。様子をみながら量やメニューをできるだけ早く通常通りに戻していきましょう。

発熱

熱が上がっているとき

食欲がなければ無理に食べさせなくても大丈夫。水分補給を心がけて。発汗によって失われたカリウムやナトリウムなどの電解質を補給できるORS(経口補水液)がおすすめです。ORSにはOS-1、アクアライトORSなどが市販されていますが、手作りもできます。このほか乳児用イオン飲料の利用もよいでしょう。母乳やミルクも水分補給になります。発熱によるビタミンやミネラルの消耗を補うには、薄めた果汁や野菜スープを飲ませてあげるのもいいでしょう。食欲があれば、離乳食を食べてもOK。やわらかく煮たうどんやおかゆなど、胃にやさしく消化のいいものをあげましょう。りんごなど果物はすりおろすとのどごしがよく食べやすくなります。

ポイント

- 無理に食べさせなくてOK
- 水分+ビタミン・ミネラルの補給をしっかりと

経口補水液の作り方

沸騰させた湯1リットルに砂糖40g、塩3gを入れて、透明になるまで混ぜて溶かせばできあがり。りんごやレモンなどの果汁を風味付け程度に少量入れると飲みやすくなります。

熱が下がってきたら

熱が下がって食欲が出てきたら、離乳食を再開します。体力を回復させるため、炭水化物と、発熱で消耗したたんぱく質とビタミンCを補給できるメニューに。消化吸収のよいものにしましょう。豆腐、白身魚、鶏ささ身、卵、乳製品などのたんぱく質源と、おかゆやうどんを組み合わせてあげるといいでしょう。野菜や果物でビタミン・ミネラル補給も忘れずに。水分も引き続き小まめにとらせます。

ポイント

- 消化吸収のよいものを
- エネルギー+良質のたんぱく質を
- 野菜や果物でビタミン・ミネラルを補給

熱が下がってきたら 体力回復!

卵にんじんうどん（パクパク期）

(材料)

- ゆでうどん……100g
- にんじん……30g
- だし汁……150ml
- 溶き卵……½個分

(作り方)

1. うどんは2〜3cmに切る。にんじんはすりおろす。
2. 鍋に1とだし汁を入れ、中火にかける。沸いてきたら弱火にし、3分ほど煮る。
3. 2に溶き卵を加え、かき玉に仕上げる(完全に火を通す)。

卵黄キャベツがゆ（カミカミ期）

(材料)

- キャベツ……20g
- 5倍がゆ(→P.42)……大さじ6(90g)
- 卵黄……1個分

(作り方)

1. キャベツはやわらかくゆで、粗みじんに刻む。
2. 鍋に1と5倍がゆを入れ、弱めの中火にかける。
3. 2に卵黄を加えて手早く混ぜ込み、卵黄に完全に火が通るまで加熱する。

豆乳りんごがゆ（モグモグ期）

(材料)

- 5倍がゆ(→P.42)……大さじ3½弱(50g)
- りんご……5g
- 豆乳(無調整)……大さじ2

(作り方)

1. 5倍がゆは粗くすりつぶす。
2. りんごをやわらかくゆでて、裏ごしする。
3. 耐熱容器に1と2、豆乳を混ぜ合わせ、電子レンジで20秒ほど加熱する。

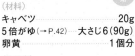

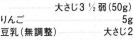

嘔吐

強い吐き気が続くときは何も食べさせないのがベスト

　赤ちゃんは胃の形がとっくり状なので吐きやすいものです。せきやげっぷとともに吐いても元気があり、食欲もあるようなら様子をみながら食べさせても大丈夫。熱や下痢を伴っていたり、繰り返し吐く場合は医師の診断を仰ぎましょう。食べて吐く、飲んで吐くを繰り返すと体力を消耗し、脱水症状も引き起こします。強い吐き気が落ち着いてきたら、スプーン1杯の白湯を飲ませてみます。吐かずに30分過ぎたらまた1杯。30分おきに少しずつ量を増やしながら水分を与えていきます。白湯のほか、イオン飲料やORS(経口補水液→P.171)もおすすめです。吐き気が治まらないときは、再度医師の指示を仰ぎましょう。

　水分を100ml以上とれるようになったら、おかゆややわらかく煮たうどんなど、消化によいものを与えてみます。野菜スープで味付けするとビタミン・ミネラルの補給もできて効果的。味付けは薄めにして、食材はやわらかく煮こんで食道や胃にやさしいメニューに。冷たすぎる、熱すぎるといった刺激物もNGです。かんきつ類やヨーグルトなど酸味のあるものは刺激性があるので、避けておいたほうがいいでしょう。

ポイント

吐き気の強い間は、医師の指示に従う

治まってきたら、少しずつ水分を与える（P.171経口補水液の作り方を参照。※嘔吐のときは果汁は入れないよう注意）

✕こんな食材はNG！

- 酸味のあるもの（かんきつ類、ヨーグルト）
- 固いもの（ビスケット、せんべい）
- 粉っぽいもの（きな粉）
- 熱すぎるもの、冷たすぎるもの　など

水分をとっても大丈夫になってきたら

じゃがいものすり流し（パクパク期）

（材料）

じゃがいも……80g

だし汁……大さじ3

（作り方）

1. じゃがいもはやわらかくゆで、すりつぶす。
2. 1にだし汁を加えてのばす。

おかゆと豆腐のおつゆ（カミカミ期）

（材料）

5倍がゆ（→P.42）……大さじ6（90g）

豆腐……45g

だし汁……⅓カップ

（作り方）

鍋にすべての（材料）を入れてよく混ぜ合わせ、豆腐をくずし、中火にかけ、沸いたら火を止める。

薄めりんご果汁（とろみ付き）（モグモグ期）

（材料）

りんご果汁……大さじ1

水溶き片栗粉（片栗粉：水＝1：2）……少々

（作り方）

1. 耐熱容器にりんご果汁と水大さじ2を入れ、電子レンジで45秒ほど加熱する。
2. 1に水溶き片栗粉を加え、手早く混ぜてとろみをつける（とろみがつきにくいようなら再度電子レンジに数秒かけ、手早く混ぜる）。

口内炎

食材や調理法を工夫して少しずつでも食べやすく

口内炎は口の中の粘膜に起こる炎症です。口内炎には、アフタ性、ヘルペス性、カンジダ性のほか、ヘルパンギーナ、手足口病などいろいろな種類があります。口内炎ができると食べづらくなり、おなかが空いているのに痛くて食べられないので、赤ちゃんは不機嫌になりがちです。つるんとして口の中を刺激しないもの、たとえば寒天ゼリーやくずよせ、豆腐、モグモグ期以降は手作りのカスタードクリームやホイップクリーム、飲み込みやすいポタージュやクリームシチューがおすすめです。

また一度にたくさんの量を食べられないので、少量でエネルギーを補給できるもの、バナナ、さつまいも、おかゆ、うどんなどもいいでしょう。一度に食べる量は少なめにして、食事の回数を増やしましょう。

熱い、固い、酸っぱい、しょっぱいといった刺激物はすべてNG。味は刺激の少ない薄味に。飲み物も常温にしてあげましょう。

ポイント

- ✓ 脱水症状を起こさないように、しっかり水分補給
- ✓ 刺激が少なく、口あたりのよいものを
- ✓ 栄養価の高いものを少量ずつ

飲み込みやすい食材

- 寒天ゼリー
- くずよせ
- 豆腐
- BFのペースト
- など

高エネルギーの食材

- さつまいも
- バナナ
- うどん
- おかゆ
- じゃがいも
- 牛乳
- パンがゆ
- ホワイトソース
- など

✕こんな食材はNG！

- □ 酸味のあるもの（かんきつ類、梅干し、ポン酢、ドレッシング）
- □ 固いもの
- □ 熱すぎるもの
- □ 塩味が強いもの
- など

口あたりがよく、飲み込みやすい離乳食

じゃがいもとにんじんのポタージュ　パクパク期

（材料）

じゃがいも	50g
にんじん	20g
牛乳	40ml

（作り方）

1. じゃがいもとにんじんは皮をむき、薄切りにする。
2. 鍋に1と具材がかぶる程度の水を加え、やわらかくなるまで弱火で煮る（途中、水分がなくなったら水を足す）。
3. 煮えた野菜をいったん取り出し、すりつぶして鍋に戻し、牛乳を加えて、沸騰しない程度にさっと温める。

しらすとかぶのとろみ煮　カミカミ期

（材料）

かぶ	20g
しらす干し	15g
水溶き片栗粉（片栗粉：水＝1：2）	少々

（作り方）

1. かぶは皮をむき、すりおろす。
2. しらす干しは½カップ程度の熱湯に5分ほどつけ、水気をきって粗く刻んでおく。
3. 鍋に1と2、水½カップを入れ、弱火で3分ほど煮る。
4. 仕上げに水溶き片栗粉でとろみをつける。

納豆となすのあえ物　モグモグ期

（材料）

なす	15g
ひきわり納豆	12g

（作り方）

1. なすは皮をむき、ラップに包んで電子レンジで30秒ほど加熱する。ひきわり納豆は耐熱容器に入れ、電子レンジで15秒ほど加熱する。
2. 1の粗熱をとり、なすは細かく刻んで、納豆と混ぜ合わせる。

下痢

繊維質や油脂類を避けて消化のよい食べ物を

下痢のときは水分や栄養分が不足して、体力を消耗してしまいがち。食欲があれば、いつもの離乳食を与えます。

食欲がない場合は、まず水分補給。ORS(OS-1やアクアライトORSなど→P.171)や乳児用イオン飲料、みそ汁の上澄み+白湯を組み合わせたものなどを与えるとよいでしょう。母乳やミルクは欲しがるだけ与えます。

食欲が出てきたら、消化のよいおかゆやうどんをあげましょう。りんご、にんじんなどに多く含まれるペクチンは整腸作用があるため、すりおろしておかゆなどに混ぜてあげると効果的です。そして、野菜の裏ごしや白身魚、豆腐など良質のたんぱく質を加えていき、味付けはいつもより濃いめにして失われた塩分を補います。体力回復のためにも早めに通常の離乳食に戻していきましょう。

ポイント

水分補給して、脱水予防
体力回復のために、早めにもとの離乳食に戻して

1日5回以上、下痢があるときは

❶まずはおかゆにペクチン食材を足して
↓
❷①に脂肪の少ないたんぱく質をプラス
↓
❸②に繊維の少ない野菜の裏ごしをプラス
↓
❹通常の離乳食に戻す

✕こんな食材はNG！

- 繊維の多い野菜や豆類（キャベツ、小松菜、にら、もやし、長ねぎ）
- 油脂類（バター、生クリーム、油）
- 乳製品

など

下痢に効果のあるペクチンを含んだ離乳食

パプリカとささ身のおじや
パクパク期

（材料）

パプリカ……30g
鶏ささ身……15g
5倍がゆ（→P.42）……大さじ6（90g）

（作り方）

1. パプリカは皮をむき、粗みじんに刻む。鶏ささ身は筋を取り、細かく刻む。
2. 鍋に1とかぶる程度の水を加えて中火にかけ、鶏ささ身に火が通るまで煮る。
3. 2に5倍がゆを混ぜ、さっと煮る。

りんごとさつまいものうま煮
カミカミ期

（材料）

さつまいも……60g
りんご……10g

（作り方）

1. さつまいもとりんごは皮をむき、薄切りにする。
2. 鍋に1と具材がかぶる程度の水を加え、やわらかくなるまで弱火で煮る（途中、水分がなくなったら水を足す）。
3. 2を粗くつぶす。

にんじんとオレンジのピューレ すりつぶし10倍がゆ
モグモグ期

（材料）

にんじん……15g
オレンジ……5g
10倍がゆ（→P.42）……大さじ3（45g）

（作り方）

1. にんじんはやわらかくゆで、オレンジとともにすりつぶす。
2. 1を10倍がゆと混ぜ合わせる。

便秘

食事、水分、生活習慣など便秘の原因はさまざま

排便の回数やうんちの状態は赤ちゃんにより異なるので、何日出なかったら便秘、という基準はありません。困難を伴う場合を便秘といいます。排便するときに痛そうなど、赤ちゃんの様子をみて受診の判断をして。授乳期の便秘は母乳不足や腹圧不足によるので、その解消に努めましょう。その上で、便をやわらかくするために、マルツエキス（赤ちゃん用便秘薬）や砂糖水（濃度1〜3％）などを飲ませてみて。

離乳食開始後の便秘の原因は、乳汁不足、食事量の不足、不規則な生活などさまざま。まずは母乳やミルク、離乳食をバランスよくしっかりとること。腸内環境を整えるプロバイオティクスのヨーグルトや納豆、プレバイオティクスとして食物繊維を含む野菜、果物、海藻類、豆類やオリゴ糖がおすすめです。バターや植物油などの油脂類、かんきつ類も排便を促す作用があります。食事の献立のほか、規則正しい生活も大切。毎日の食事時間を決めてリズムを作り、日中はたっぷり遊んで運動させてあげましょう。

おすすめ食材

うんちのかさを増やす

食物繊維は腸内で消化吸収されづらいため、うんちのかさを増し、腸を刺激する効果があります。効果的な食材は、ごぼう、きのこ類、じゃがいも、かぼちゃ、里いも、青菜類、ブロッコリー、納豆、きな粉、あずき、海藻、プルーンなど。

腸を活発にする

ヨーグルトや納豆などの発酵食品に含まれる乳酸菌などの善玉菌が腸を元気にします。善玉菌の栄養源となるオリゴ糖や食物繊維もおすすめ。

便秘予防に

便秘がちのときは、ふだんよりも糖分、油脂類、乳製品を少し多めに。水分をたっぷりとることも効果的。

うんちをやわらかくする

さつまいも、バナナ、りんご、いちご、トマト、にんじん、かんきつ類はペクチンをたくさん含んでいます。ペクチンは、善玉菌を増やして腸内環境を整えるとともに、便の水分量を調整する働きを持つ優れものです。

便秘解消レシピ

おくらと豚肉の炒め物ヨーグルトソース（パクパク期）

（材料）
- おくら……30g
- 豚赤身肉……10g
- 植物油……少々
- プレーンヨーグルト……大さじ2

（作り方）
1. おくらはやわらかくゆで、縦半分に切って種を取り、粗みじんに刻む。
2. 豚赤身肉は細切りにする。
3. フライパンに植物油を中火で熱し、2を炒める。火が通ったら1を加えてさっと炒め、取り出す。
4. 3を冷まし、ヨーグルトをからめる。

キャベツの納豆あえ（カミカミ期）

（材料）
- キャベツ……20g
- 納豆……18g

（作り方）
1. キャベツはやわらかくゆで、細かく刻む。
2. 納豆は耐熱容器に入れ、電子レンジで20秒ほど加熱する。
3. 1と2を混ぜ合わせる。

きな粉バナナヨーグルト（モグモグ期）

（材料）
- バナナ……40g
- きな粉……小さじ1
- プレーンヨーグルト……50g

（作り方）
1. バナナはすりつぶす。
2. 1にきな粉とヨーグルトを加え、混ぜ合わせる。

どうしたらいい？ 時期別 お悩みQ&A

子どもによって離乳食への反応はさまざま。どのように対応していけばいいかアドバイスします。

Q 予定日より1カ月近く早く生まれたわが子。5カ月からスタートしてOK？

A 5カ月にこだわらず、成長に合わせてスタートを。

「出生後5カ月」というのはあくまでも目安で、必ず守るべきものではありません。予定日より早く生まれたり、2500g未満の低出生体重児の場合は、「出産予定日から5カ月」を目安にするのもいいでしょう。逆に大きめの赤ちゃんだから早めに離乳食を始めたいというママもいますが、大切なのは月齢や体重ではなく、赤ちゃんの発達の度合い。「首がすわっている」「寝返りができる」「支えてあげると座れる」「食べ物に関心を示している」などの傾向が見られたら、そろそろ離乳食の時期だと考えましょう。

ゴックン期

Q とにかくよく食べます。食べたがったらもっとあげてもいい？

A 母乳やミルクで栄養がとれていれば、離乳食も欲しがるだけあげて大丈夫。

基本的に、離乳食は欲しがるだけ与えてよいですが、スタート期はまだ注意が必要です。この時期はまだ消化吸収機能が未発達です。また、アレルギーの心配もあるため、食材選びや量も慎重に。初日は米がゆを小さじ1のみ。1日おきに1さじずつ増やしていき、1週間後に5さじ程度を目指します。米がゆに慣れてきたら野菜や豆腐など、口あたりのよいものを徐々にプラスしていきましょう。

離乳食が進んできたら、様子をみながら量を調整。欲しがる分だけ食べさせて。ただし、ゴックン期の赤ちゃんが離乳食からとるべき栄養は全体の約1割。残り9割の栄養分は母乳やミルクから摂取します。離乳食を食べたあとも母乳やミルクを飲んでいれば問題ないですが、授乳量が極端に減っているようであれば離乳食は少なめにして、食後に授乳するよう心がけましょう。スプーンでの与え方は大丈夫ですか。P.15（スプーンの使い方のポイント）を参考に確認を。スプーンで赤ちゃんの上あごになすりつけるように与えていると、満腹感がわからず、いつまでも食べ続けることがあります。

Q おかゆを口に入れると、べぇっと吐き出してしまいます。

A できるだけなめらかにすりつぶし、母乳やミルクで味付けしてみましょう。

それまで母乳やミルクなど水分しか口にしたことのない赤ちゃんは、ちょっとしたツブツブ感やざらつきを嫌がることも。とくに米がゆは、やわらかく煮てもツブツブ感が残りやすいので、できるだけ丁寧にすりつぶしてなめらかな状態にしてあげましょう。

それでも出してしまうのなら、食感でなく味に抵抗があるのかもしれません。その場合、母乳やミルクを少し加えて慣れ親しんだ味に近づけてあげるのもいいでしょう。

口から出してしまってもスプーンで受け止めてもう一度口元へ。これを繰り返すうちによだれが混ざって飲み込みやすくなることもあります。

初日にうまく食べられなくても気にしないこと。焦らずにゆっくりと時間をかけて慣らしてあげましょう。

Q 離乳食をスタートしたら下痢になりました。一度やめるべき?

A 赤ちゃんが元気であれば心配ありません。

離乳食を始めたら便がゆるくなった、便の回数が増えた、という赤ちゃんは少なくありません。これまで母乳やミルクなどの液体しかとっていなかった赤ちゃんが離乳食を食べることで腸が刺激を受け、腸内細菌のバランスも変化しているのです。離乳食を続けることで徐々に慣れてきて、数週間で便の回数や状態は安定してくるでしょう。赤ちゃんの機嫌がよくて食欲もあり、体重も順調に増えているようなら心配はいりません。離乳食を続けてあげましょう。もしも水様便が続いたり、元気がなくぐったりしているようであれば、医師に相談してください。

Q 大人が使ったスプーンを使ってはダメだと聞きましたが、本当?

A 細菌の感染を防ぐため、スプーンは別のものを。

大人の口内には虫歯菌や歯周病菌のほか、思わぬ菌がたくさん潜んでいます。一度使ったスプーンには、それらの菌を含んだだ液がついているので、そのまま使うと赤ちゃんの口内にも菌やウイルスがうつってしまう可能性があります。赤ちゃんはまだ抵抗力が弱いので要注意。大人の食事から取り分けてあげるときも、スプーンは別のものを使いましょう。

食べ物の温度を確かめたいときには口で触れるのではなく、手首の内側にのせて確認を。赤ちゃんがかみづらい食材をママがかみ砕いてからあげることも避けます。

モグモグ期

Q 手作りのものより、ベビーフードのほうが食いつきがよくて……。

A ベビーフードを活用しながら少しずつ手作りに。

ベビーフードはなめらかでのどごしがよいので食べやすいのでしょう。ただ、食材の形や固さ、味付けが画一的なのが難点。外出時や忙しいときに取り入れるのはよいですが、離乳食も後半になったら、手作りで、多彩な食材や味付け、食感を体感し、味覚やそしゃく力を養ってほしいものです。

手作りとベビーフードを組み合わせて、バラエティーに富んだ離乳食を食べさせてあげましょう。

Q うんちが固くなってきて、便秘が心配です……。

A 授乳量が減って、母乳摂取量が減っているのかも。

うんちが固くなる原因のひとつは母乳の摂取量の減少。母乳の摂取量が減ることで、母乳に含まれる水分や乳糖、オリゴ糖の摂取が減るので、食事内容をチェックしてみてください。善玉菌を含むヨーグルトや納豆、食物繊維の多い野菜、果物、いも類などを積極的に活用しましょう。繊維は口の中に残りやすいので、やわらかく煮てすりつぶしたり、とろみをつけて食べやすく調理してあげるといいでしょう。

もうひとつ大切なのが生活リズム。なるべく毎日同じ時間帯に離乳食を食べさせて、体内リズムを整えましょう。

Q 新しい食材に挑戦しても慣れてくれず、レパートリーが増えません。

A お気に入りのメニューに混ぜ込んでみて。

新しい食材を嫌がる理由は、味が嫌い、食感が嫌い、食べづらいなどさまざま。理由を知るためにも、食材や調理法、味付けを一度に変えず、少しずつ変化させていくことがポイントです。やわらかく煮てお気に入りの食材に混ぜたり、慣れ親しんだ味付けにしたり、なるべく違和感のないように調理して。たとえばバナナや豆腐、おかゆ、マッシュポテト、ヨーグルトなどと混ぜると食べやすくなります。また、はじめて使う食材は1品のみに。そうすると、アレルギー反応を起こしたときの原因も特定しやすいので安心です。

Q よく食べていたのに、ある日突然食べなくなりました。なぜ？

A また食べるようになるので気にしすぎないで大丈夫。

せっかく離乳食が進んできたのに、急に食べなくなってしまう「中だるみ」。これはよくあることで、赤ちゃんが元気であれば問題ありません。

この時期になると少しずつ知能も発達し、赤ちゃんはいろいろなものに興味を示し始めます。離乳食に飽きたり、ほかのことに関心がいってしまうこともしばしば。無理強いすると、食事の時間が嫌いになってしまうかも。食事に興味を持つよう、大人が一緒に食べたり、味付けや盛り付けを工夫してみましょう。公園で食べるなど、環境を変えるのもいいかもしれません。ただし、必死になりすぎて大人がストレスを抱えないように注意を。食べない時期もあれば食べる時期もあると割り切って、食べないときは早めに切り上げましょう。

Q おでかけすると離乳食の時間が不規則になってしまいます。

A 生活リズムは大切。でも神経質になりすぎないで。

出先で離乳食を食べさせる場所や時間がなかったり、帰宅してすぐお昼寝してしまったり。毎日同じ時間に離乳食をあげるのが難しいこともあるでしょう。そんなときはあまり神経質にならず、臨機応変に対応を。お昼寝してしまったら起きてから食べさせ、夕飯の時間を少し遅らせれば大丈夫。ただし翌日はいつも通りの時間に戻し、なるべく生活リズムを崩さないようにしましょう。離乳食の時間におでかけすることが多い場合は、離乳食の時間を見直してみて。ゆっくり離乳食を食べさせてあげられる時間を選び、それを中心に一日のスケジュールを組み立てましょう。

Q アレルギーが心配で、豆腐・白身魚から先に進めません。

A すぐに対処できる準備をして少量ずつスタート。

アレルギーは確かに心配。でも、卵、乳製品、魚、肉などのたんぱく質は、赤ちゃんの成長に欠かせない栄養素。多彩な食材を食べることは味覚の形成にも役立ちます。心配だからといって食べさせないのはよくありません。

はじめて食べさせるときは、症状が起きたときにすぐに対処できる時間と場所を選びましょう。病院の開院時間帯に自宅で食べさせるのが好ましいでしょう。最初はごく少量を様子をみながら与えます。卵は固ゆでの卵黄から、肉は脂肪の少ない鶏ささ身から、など進める順番にも注意を。心配であれば、事前に医師に相談してみるのもおすすめです。

カミカミ期

Q まる飲みしているみたい……。どうしたらかんでくれますか?

A かみつぶしやすいやわらかさと大きさに工夫を。

　スプーンでの与え方に問題がない場合、まる飲みをする原因は、固すぎてかみつぶせない場合と、やわらかすぎてかまなくても飲み込めてしまう場合があります。

　食材は、歯ぐきでかみつぶせる程度のやわらかさでありながら、かまないと食べられないようにある程度の大きさをもたせることがコツ。やわらかく煮たにんじんの輪切りや、バナナ、赤ちゃんせんべい、ロールパンの輪切り、お焼きを持たせるなどして、前歯でかみ切り、歯ぐきでつぶして、舌にまとめてのせて飲み込めるよう練習させてあげましょう。手づかみ食べで自分の口の中に入れるひと口量を学習させる必要があります。

　また、空腹すぎて早食いになり、まる飲みしていることもあるので、食事時間を調整し、話しかけながらゆっくり食べるように促しましょう。

Q いまだに離乳食を受け付けず、まったく食べません……。

A 授乳の量や回数を減らしてみるといいかもしれません。

　体重の増加は順調ですか。母子健康手帳にある成長曲線のカーブに沿っているか確認してみましょう。順調に増加していない場合は、医師に相談してください。

　順調な場合で多いのが母乳やミルクの飲みすぎです。この時期は、朝晩を除いた食後の授乳量は減っていくか、飲まなくなります。しかし、離乳食を食べずに乳汁ばかり欲しがる場合には、食事の時間を変えるなど生活リズムをチェックしてみてください。昼間も頻繁に母乳を欲しがったり夜泣きがあったりする場合は、卒乳することも検討しましょう。

Q たくさん食べます。離乳食後、もう授乳しなくてもいいですか?

A しっかり食べていれば、食後の授乳は不要です。

　離乳食を順調に食べていて赤ちゃんが欲しがらなければ、食後の授乳はしなくてもよいです。ただ、離乳食だけでは栄養不足。カミカミ期の赤ちゃんが離乳食からとる栄養は全体の60～70％程度。残りは母乳やミルクから摂取するので、1日3回の食事以外に、朝晩2回は授乳してあげましょう。

　逆に、離乳食後も母乳を欲しがるなら、飲ませてあげても大丈夫。この場合、おなかを満たすことよりもママとのスキンシップを求めているのかもしれません。ただし、食前に授乳するのは食欲に影響するので避けましょう。

Q 外食したら、大人の食事を取り分けてあげてもいいでしょうか?

A 外食メニューは赤ちゃんには不向き。なるべく離乳食を持ち歩きましょう。

この時期は、奥の歯ぐきで食べ物をつぶせるようになってはきますが、大人と同じ食事ではまだ固すぎます。また、外食メニューは味付けが濃すぎたり、食材や調味料に何を使っているか明確でないので、塩分や糖分のとりすぎ、添加物やアレルギーの心配も。外食するときはなるべく赤ちゃん用のご飯(ベビーフードも便利)を用意して持ち歩くようにして。どうしても取り分けたいときは、味の濃いもの、固いもの、生ものなどを避け、やわらかく煮た薄味の食材や汁物を選んであげましょう。

自宅で大人のごはんを取り分けるときは、味付けをする前に取り分ける、だしやスープでのばす、とろみをつけるなど、赤ちゃんが食べやすく、未熟な内臓に負担のかからないよう工夫してあげましょう。

Q 起床が遅いから、1日2回食のまま。3回目はいつあげたらいいでしょうか?

A 赤ちゃんのリズムに合わせて少し時間を遅らせて。

3回食で大切なのは、3食ともしっかり量を食べるより、まずは、生活リズムを作ること。朝起きるのが遅いからといって、朝食を抜いて2回食にするのはよくありません。量を食べなくてもいいので、朝起きたらまず1回目の離乳食を。1回目が11時くらいになってしまうのなら、2回目は15時、3回目は19時、というように、少しずつ時間を遅らせてあげましょう。最初は大人と同じ時間帯に食べさせることに固執せず、赤ちゃんのリズムに合わせながら3食を決まった時間にあげること。後半に近づくにつれて少しずつ時間をずらし、大人のリズムに近づけていきましょう。

Q スプーンで遊んでしまって、なかなか食事が進みません。

A 遊ぶのも大切な経験。なるべく温かく見守って。

この時期はまだ、スプーンを使って自分で上手に食べることはできません。スプーンを持ちたがるようであれば持たせてあげてかまいませんが、食べるときはママがスプーンに入れたものを口へ運んで補助してあげましょう。赤ちゃんが手づかみで食べられるメニューにするのもいいでしょう。スプーンを振り回したり、食器をたたいて音をたてたり、わざと下へ落としたり。ママとしてはマナーの悪さを注意したくなりますが、いまはスプーンで遊ぶのも食べ物を手でいじくりまわすのも、すべて大切な経験。ケガのないよう注意しながら、なるべく温かく見守ってあげたいですね。

パクパク期

Q 野菜や肉などいつまでもかみ続け、飲み込まないものがあります。

A ほかの食材と混ぜて食べやすくアレンジを。

まだ奥歯の上下がはえそろっていないので、繊維や筋のある肉やペラペラしたレタスなどの野菜や油揚げ等は歯ぐきですりつぶせません。食べづらいものは単独で調理せず、ほかの食材と混ぜると食べやすくなります。たとえば細かく刻んでご飯や豆腐、マッシュポテトに混ぜたり、とろみをつけてスープにしたり。野菜であれば、にんじん、かぼちゃ、湯むきトマトなど、食べやすい野菜で代用できます。肉はたたいたり細切りにして片栗粉をまぶしてから加熱するなど、食べづらい食材は調理法を工夫して食べやすくしましょう。

Q 濃い味の料理を食べさせたら、薄味の料理を食べなくなりました。

A だんだんと慣れてくるので薄味を続けましょう。

濃い味付けは塩分や糖分をとりすぎ、味覚の形成にも悪影響。なるべく薄味を心がけたいものです。濃い味に慣れてしまうと、しばらくは薄味を嫌がるかもしれませんが、食べなくても薄味のまま出し続けましょう。次第に濃い味を忘れ、薄味に慣れてきます。

離乳食が進むと、大人のメニューから取り分けることも多くなるので、大人の料理は味付けをする前に取り分ける、味の染みた食材はスープやだしで薄める、大人のメニュー自体を薄味にするなど、できるだけ食材本来の味を楽しむように心がけましょう。

Q 親も一緒に食べるべきですか？

A 一緒に食卓に座ってあげるだけでも十分です。

パパやママが一緒だと食事の時間が楽しくなり、食欲もわいてくるでしょう。大人が食べているものを見て、「これは何？」と関心がわき、新しい食材を食べられるようになるきっかけが作られます。マナーや食べ方も自然と学ぶことができます。ただし、食事の時間が合わなかったり、忙しかったりしたときには、週末だけなど一緒に食べる機会を作れれば毎日でなくても大丈夫。子どものサポートに手いっぱいでパパやママが食べられないときはそばに座って「おいしいね」「上手だね」と話しかけてあげるだけでも十分です。

Q 座って食べないので、追いかけて食べさせています……。

A 食事と遊びの時間の区別は、この時期から教えていきましょう。

1歳前後は、歩きまわるのが楽しい時期。じっと座らせておくのは難しいものです。でも、大人が追いかけると、追いかけっこ自体が楽しくなってしまい、食事と遊びの区別がつかなくなってしまいます。食事前は手を洗う、食事中は座る、「いただきます」「ごちそうさま」のあいさつをするといったマナーはこの時期から教えていきましょう。

床だとすぐに動きまわれるので、できれば子ども用の椅子を用意し、食卓にもおもちゃなど気が散るものは置かないように。どうしても食事に集中しないときは、片付けてしまってもよいでしょう。ただし歩きまわらず、お行儀よく食べられるのは4歳前後です。食べ物を手でいじったり、口のまわりをベタベタにしても、温かく見守ってあげてください。

Q コップで上手に飲めないので、ストローマグのままでいいですか?

A おちょこなどで少しずつ練習していきましょう。

この時期までに必ずコップで飲めなければならない、ということはありませんが、1歳~1歳3カ月くらいまでにはコップ飲みができるようになります。ストローマグだとたくさん飲みすぎてしまうし、こぼさないので、つい大人も利用しがち。そうすると舌の発達にも悪影響があるので注意。

最初はおちょこや小さめのコップに少量を入れて、子どもがうつむく姿勢でコップを口にあててあげると、すぐ飲めるようになります。汚れるのが嫌なら最初はお風呂で練習してみては。大人もコップを持って「かんぱーい」をすると、やる気を出してくれるかもしれませんね。

Q 1歳を過ぎても、自分で食べようとしません。

A まずはお焼きやおにぎりを手づかみで。

自分で食べようとしない理由は、食べ方がわからない、食事以外のことに関心がある、大人からもらえるのを待っている、以前に自分で食べようとして怒られた記憶があるなどいろいろ考えられます。自分で食べる意欲を育むには、手づかみが一番。お焼きやミニハンバーグなどを手に持たせてあげましょう。おやつに赤ちゃんせんべいやビスケットを手で持つことに慣れると効果的。まずは手に持ったものをいじったり、口に運ぶことからスタート。食べ物に関心をもたせてあげましょう。こぼしたり汚しても叱らず、食べようとする意欲をほめてあげてください。

＼離乳食からステップアップ！／

幼児食の進め方

幼児食は、食生活の基礎を身につけるのにとても大切。子どもの様子をみながらゆっくりと進めましょう。

1歳半前後が幼児食スタートの目安

母乳やミルクを中心に栄養をとり、少しずつ離乳食を食べることに慣れてきた赤ちゃん。1歳前後になると歩き始めたり、遊びや動きも活発になり、徐々に離乳食から栄養をとる割合が増えてきます。1歳3カ月前後になると、1日3回の食事から必要な栄養をしっかりとれるようになり、コップで牛乳やミルクを飲めるように。食べ物も、やわらかいものなら前歯でかみ切って歯ぐきでかんで食べられるようになってきます。この頃が幼児食スタートの時期。とはいえ、急に授乳をやめたり、いきなり幼児食に切り替える必要はありません。3食の合間に母乳を飲ませてもかまいません。子どもの様子をみながら食材、献立、調理法を少しずつステップアップさせていきましょう。

焦らずにじっくりと食への興味と味覚を育てよう

子どもの食事は、1歳半前後に離乳食から幼児食へゆるやかに移行し、そこから5歳くらいまでじっくりと時間をかけて家族と同じ食事にしていきます。幼児食は、健康的な食生活、味覚、食事のマナーなどを身につけるのにとても大切な時期。焦らず無理をせず、子どもと一緒に楽しみながら進めていきましょう。

幼児食のポイントは、「いろんな食材」を「薄味」で「楽しく」「自分で」食べること。この時期に濃い味に慣れてしまうと味覚が鈍くなり、なかなか薄味に戻すことはできません。食材の味を生かした薄味で調理するよう心がけましょう。食に興味を持つためにも、子どもが自分で食べることも大事。散らかるのは覚悟のうえで、スプーンやフォークを持たせて自由に食べさせてあげましょう。2歳半～3歳くらいで自分で全部食べられるようになると、見慣れないものは食べようとしない好き嫌いも出てきます。そんなときは家族が食べる姿を見せることがまず大切。食べやすいように調理法を工夫してみるのも一案です。そして何より大切なのは、家族が顔を合わせて食卓を囲むこと。できるだけ子どもと一緒に食卓につき、食事タイムを楽しみましょう。

幼児食スタートのサイン

- □ 1日3回食事をとり、必要な栄養の多くを食事から得ている
- □ 食べ物を前歯でかみ切り、歯ぐきでかめる
- □ コップで牛乳やミルクを300〜400ml飲める

規則正しい生活リズムも大事なポイント

幼児食はスプーンやフォークを使ってよくかんで食べる、という「食べ方」を学ぶだけでなく、「食生活」を学ぶ時期でもあります。朝起きてごはんを食べて遊び、お昼ごはんを食べてお昼寝をし、おやつを食べて遊び、夕ごはんを食べて寝る。そのシンプルな生活リズムをしっかり身につけさせることが、心身ともに健康に育つために欠かせない要素です。多少は好き嫌いや遊び食べがあっても、上手にかみ切れなくてもいいのです。まずは朝昼晩の3回、食卓につく習慣をつけましょう。

栄養のバランス

前半（離乳食完了〜2歳代）

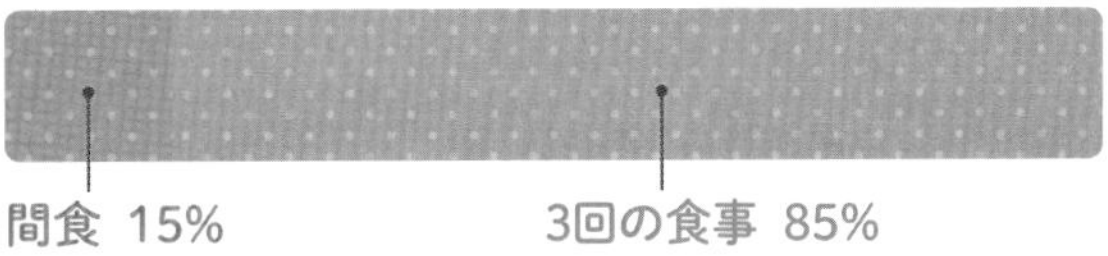

後半（3〜5歳頃）

おやつは「補食」

おやつと聞くと、甘いお菓子を想像してしまいますが、幼児期のおやつの基本は「補食」です。子どもが活動するには、大人の2〜3倍ものエネルギーや栄養素が必要。でも胃が小さいため、一度の食事でたくさんの栄養をとることができません。それを補うのがおやつ。ビタミン補給に野菜や果物、エネルギー補給にさつまいもやおにぎりなどを取り入れて、不足しがちな栄養を補ってあげましょう。ただしダラダラ食べは禁物。おやつ時間はしっかり決めておきましょう。

タイムスケジュール例

3食の合間に軽食と飲み物を。ただし朝昼晩の食事が基本。お昼寝をしたときはおやつを飲み物だけにするなど、臨機応変に調整を。

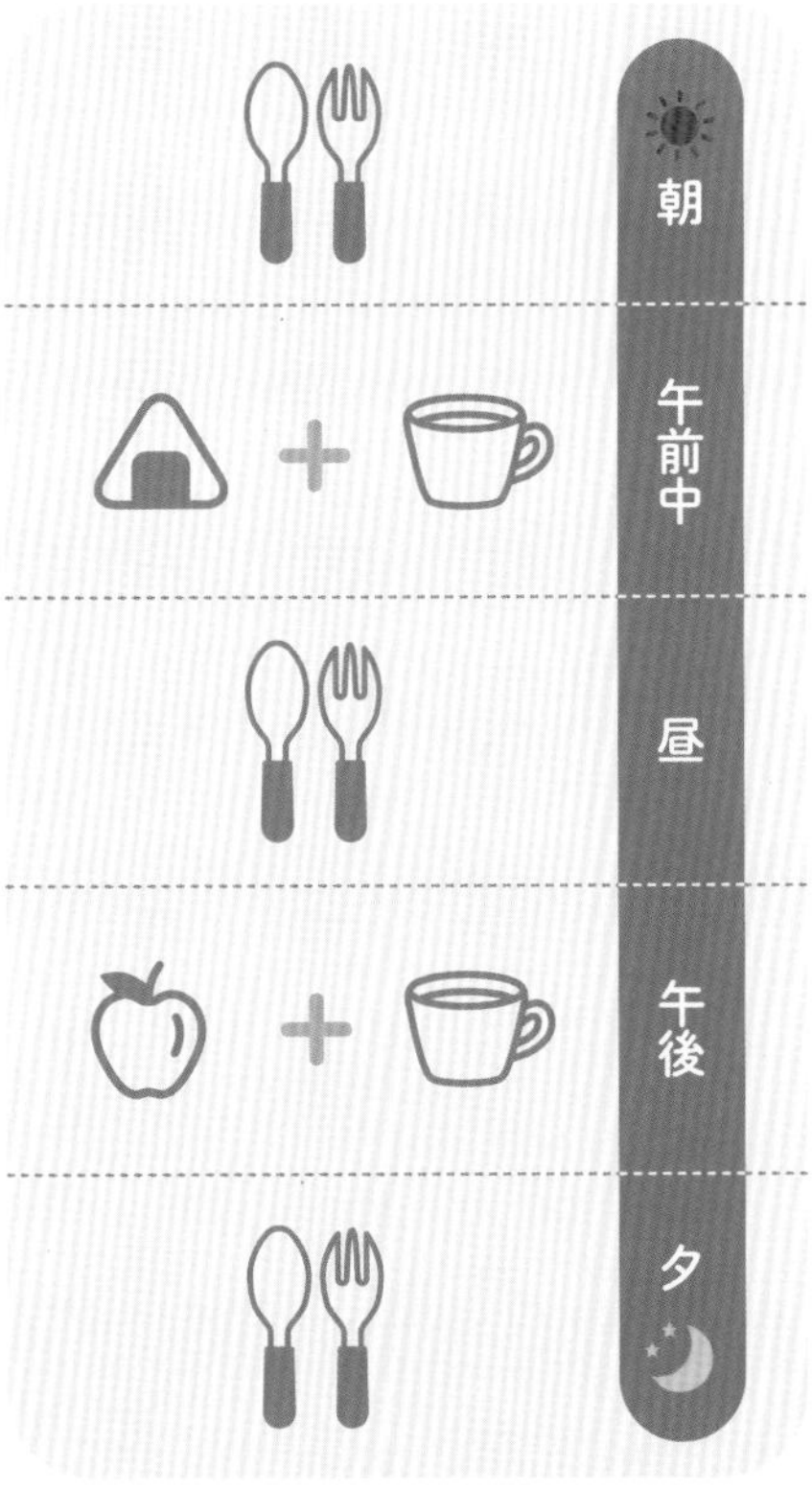

幼児食の進め方

POINT 1

歯の生え方・かむ力に合わせる

歯の生え方に合わせて食材や調理法を工夫

幼児食を始めるのは早くて1歳～遅くても1歳半頃ですが、すぐになんでもかみ切れるわけではありません。この時期の歯は面積が小さく、かみ切ることはできても、すりつぶすことができないのです。そのため、かまずに飲み込んだり、かみづらいものを嫌いになってしまうことも。たとえば薄くぺらぺらとしたレタスやわかめ、皮が口に残るトマトや豆の皮、弾力があるこんにゃくやきのこ、だ液を吸うゆで卵やさつまいも、口の中でまとまりづらいひき肉やブロッコリーなどは、幼児食前期の子どもには食べづらい食材です。

すべての歯が生えそろって上手にすりつぶせるようになるのは3歳頃。それまでは歯の生え方に合わせて食材を選び、切り方や調理法を食べやすいように工夫してあげましょう。

1歳4～7カ月頃

歯 第一乳臼歯と上下左右の計8本が生えてきて、上下がかみ合ってかむことができるようになる。

固さ・形 手づかみができるスティック状やボール形、かみ切りやすい平らな形に。前歯でかみ切って歯ぐきでかめる程度。煮物のやわらかさが目安。

1歳半～2歳頃

歯 一番奥の歯(第二乳臼歯)が生えてくる。生える前も歯ぐきに厚みが出てくるので、すりつぶす力がついてくる。

固さ・形 スプーンやフォークですくいやすい形に。ひと口大にかんで食べる練習のためにも、少し大きめでもOK。しんなりした炒め物の固さが目安。

2歳半～3歳頃

歯 すべての乳歯(20本)が生えそろい、かみ合わせが完成。多彩な食材をかんだり、すりつぶしたりして食べられるようになる。

固さ・形 せん切り、スライス、乱切りなど、いろいろな形にトライ。筋や繊維が多いものは少し小さめに。固さは、大人のものより少しやわらかい程度。

POINT 2

「自分で食べる」意欲を育む

「楽しい！」と思える環境作り

子どもの食への関心を高めるには、食卓を楽しい雰囲気にすることが大切。はじめのうちは上手に食べられず、口のまわりはベタベタ、エプロンもテーブルもグチャグチャになるかもしれません。でも、叱られたり注意されてばかりでは、せっかくの食事時間もつまらないものに。まずは自分で食べようとする意欲を認めてあげましょう。家族が一緒に食卓を囲み、お皿に取り分けたり、献立や味について話をすることで、食卓がにぎやかになり、食べ方やマナーを学ぶこともできます。旬の食材や季節の行事も取り入れて、楽しい環境作りを心がけましょう。

空腹感は大事なスパイス

おなかを空かせるということも、食事をおいしく楽しくする秘訣。ダラダラとおやつや飲み物を与えていると空腹感を感じず、食事に関心が高まりません。食事とおやつの時間を決めて、合間にたっぷり体を動かして、おなかを空かせてあげましょう。

カミカミ期頃～

2歳半～3歳

4歳頃～

POINT 3

味付けも、量も、大人の半分

食材のうまみを生かして薄味に

幼児期の味覚は大人になるまで影響します。一度濃い味に慣れてしまうとなかなかもとには戻れないので、幼児食は薄味を心がけましょう。味付けの目安は大人の2分の1程度。塩分や糖分は控えめにして、食材の持つ甘みやうまみを生かした和食中心メニューに。大人の料理から取り分けるときも、調理の途中で鍋を別にして味付けを薄くしたり、味の染みていない部分を分けるなど、ちょっとした工夫をしてみましょう。

量は大人の半分で一汁二菜が基本

1〜2歳の子どもの食べる量は大人の約半分、3歳では大人の3分の2が目安。品数を減らすのではなく、1品あたりの量を調整したほうが栄養バランスが整います。献立は一汁二菜を基本に。主食はご飯を中心にパンやめん類などの炭水化物。肉、魚、卵、大豆製品などのたんぱく質は主菜にします。副菜には野菜や海藻類を使ってビタミン、ミネラル、食物繊維を補給。カルシウム豊富な緑黄色野菜、小魚、牛乳、乳製品などは、おやつに取り入れるのもいいでしょう。

幼児食の1日の食材の目安量

たんぱく質源（主菜）	
牛乳	300〜400ml
卵	30g（½個）
魚介類	30〜40g
肉類	30〜40g
種実類	5g
大豆・豆製品	30〜40g

ビタミン・ミネラル源（副菜）	
緑黄色野菜	90g
淡色野菜	120〜150g
きのこ類	5g
海藻類	2〜5g
果実類	100〜150g

エネルギー源（主食）	
ご飯	80〜120g
うどん	120〜180g
パン	50〜70g
いも類	40〜60g
砂糖類	5g（小さじ2弱）
油脂類	10〜15g

好き嫌いや遊び食べも発達過程のひとつ

子どもが自分で食べるようになると、食わず嫌いや好き嫌いが出てきます。食べ物をいじくってばかりの遊び食べもママの悩みの種に。子どもが嫌がる食べ物は無理強いせず、切り方や調理法を変えて出してみましょう。食材をミニハンバーグ（お焼き状）やボール形にして手づかみしやすくしたり、スープにしたり、ほかの食材と混ぜてみたり。遊んでばかりいるときは、完食することにこだわりすぎず、30分で切り上げるなど、ときにはメリハリをつけるのもいいでしょう。

こんな工夫で克服！

- 形を変えてみる
- カラフルにする
- 少し時間をおく
- 食べて見せる

料理INDEX

料理INDEX

たんぱく質源食品メニュー

カミカミ期 9～11カ月頃

エネルギー源食品メニュー

ビタミン・ミネラル源食品メニュー

たんぱく質源食品メニュー

パクパク期 1～1歳半頃

エネルギー源食品メニュー

ビタミン・ミネラル源食品メニュー

たんぱく質源食品メニュー

STAFF

編集制作
志澤陽子（株式会社アーク・コミュニケーションズ）

取材・文
出浦文絵、堀実希

カバーデザイン
岸麻里子

カバーイラスト
Kyoko Nemoto

本文デザイン
岸麻里子

DTP
佐藤琴美（ERG）

本文イラスト
サイダイクコ

スタイリング
八木佳奈

調理アシスタント
大溝睦子

撮影
田村裕未（株式会社アーク・コミュニケーションズ）

撮影協力
UTUWA　電話（03）6447 - 0070

校正
木串かつこ

企画・編集
端 香里（朝日新聞出版 生活・文化編集部）

※本書は、当社『この1冊であんしん はじめての離乳食事典』（2015年5月発行）
に加筆して再編集したものです。

改訂新版《かいていしんぱん》
この1冊《いっさつ》であんしん
はじめての離《り》乳《にゅう》食《しょく》事《じ》典《てん》

2023年6月30日　第1刷発行

監　修　上田玲子

料　理　上田淳子

発行者　片桐圭子

発行所　朝日新聞出版
〒104-8011　東京都中央区築地5-3-2
（お問い合わせ）infojitsuyo@asahi.com

印刷所　図書印刷株式会社

ISBN　978-4-02-334123-4

定価はカバーに表示してあります。

落丁・乱丁の場合は弊社業務部(電話03-5540-7800)へご連絡ください。
送料弊社負担にてお取り替えいたします。